Endlich Ordnung im ganzen Haus

…und glücklich dabei!

© 2015, Madame Missou

1. Auflage, Januar 2015

ISBN-13: 978-3-945362-07-5

ISBN-10: 3-945362-07-5

Madame Missou wird vertreten durch die

Maracuja GmbH, Laerheider Weg 13

47669 Wachtendonk

info@madamemissou.de

www.madamemissou.de

1. Wie uns Aufräumen & Entrümpeln glücklich macht

1.1. Einleitung

Was ist Ihr kleines schmutziges Geheimnis und wo verstecken Sie es? Im Keller, auf dem Dachboden, im Küchenschrank oder vielleicht unter Ihrem Bett? Was genau ist es, dass Sie vor aller Augen verbergen und unter gar keinen Umständen preisgeben wollen? Papierchaos und lose Blattsammlungen auf dem Schreibtisch, alte, nutzlose Dinge in der Abstellkammer, Kartons mit Unrat im Untergeschoss oder ein wahllos vollgestopfter Kleiderschrank? Wie sieht es in Ihren Schubladen aus, auf dem Nachttisch, oder Couchtisch?

Wenn Sie diesen kleinen Ratgeber in Händen halten, weiß Madame Missou, dass es irgendeine Ecke in Ihrer Wohnung gibt, die Sie ungern jemandem zeigen. Womöglich sogar ein ganzes Zimmer. Am liebsten würden Sie ein „Betreten Verboten" – Schild an die Zimmertüre hängen und an die Klinke mit einem Selbstauslöser versehen, damit die ganze Bude lieber in die Luft fliegt, als sich dieser Peinlichkeit auszusetzen.

Möglicherweise ist es Ihnen aber gar nicht peinlich, wenn Besuch kommt. Einfach, weil Sie es über die Jahre perfektioniert haben, dass man Ihr Gerümpel und Chaos nicht sieht. Es wird alles ungeordnet in Schubladen und hinter Schranktüren versteckt, denn wer öffnet schon ungefragt eine Kommode oder schaut unter Ihr Bett? Aber Sie wissen es. Sie wissen um das Chaos, welches hinter den verschlossenen Küchenschränken lauert, wissen um den Unrat im Keller und haben schon keine Lust mehr dort hinunterzugehen oder den Kochlöffel zu schwingen.

„Ich sollte das wirklich mal aufräumen." oder *„Mein Gott, wie sieht es hier nur aus?"* sind Gedanken, die Ihnen regelmäßig in den Sinn kommen? Jedes Mal, wenn Sie am Schreibtisch sitzen, ist er so zugestellt, dass Sie kaum Platz zum Arbeiten haben? Öffnen Sie Ihre Nachttischschublade und suchen erst mal minutenlang nach der Tube Handcreme, um sich vor dem Schlafengehen noch damit einzureiben? Sie schämen sich ein bisschen vor sich selber, dass es bei Ihnen so aussieht?

Unrat und Gerümpel belastet. Beides schafft nicht nur ein unangenehmes und ungemütlichen Wohnambiente, es wirkt ebenfalls wie ein Anker, der uns in der Vergangenheit festhält. Nutzloses Zeug wird einfach behalten, irgendwo verstaut und anschließend vergessen oder gekonnt ignoriert. Sagen Sie sich selber oft *„Vielleicht kann ich das irgendwann noch mal brauchen"*? Alles nur Ausrede. Wenn Sie ehrlich zu sich selber sind, werden Sie all diese Dinge nie wieder benutzen, tragen oder ansehen.

Madame Missou gibt Ihnen in diesem kleinen Ratgeber Tipps, damit es Ihnen leichter fällt, einen Anfang zu finden, um das Chaos und den Plunder endlich loszuwerden. Sie erklärt Ihnen wie Sie sich nach und nach steigern können, oder wie Sie sogar einen „kalten Entzug" schaffen. Alles ist möglich.

Außerdem wird hier beleuchtet, wieso wir manche Dinge

aufbewahren und warum es mitunter schwerfällt, sich von ihnen zu trennen. Doch dass eine Trennung gut tut und manchmal Wunder bewirkt steht außer Frage. Ist unser Zuhause ordentlich und entrümpelt, so verschwindet auch so mancher Ballast aus unserem Leben. Wir selbst sind am Ende ebenfalls von Chaos und Unrat befreit und bereit für einen Neustart.

Madame Missou wünscht Ihnen nun angenehme 180 Leseminuten voller Denkanstöße und Motivationsschübe.

Sprengen Sie die Ketten! Entrümpeln Sie richtig und befreien Sie sich selbst,

Ihre Madame Missou

1.2 Befreien Sie sich von Gerümpel und Unordnung

1.2.1 Was ist Gerümpel eigentlich?

Gerümpel ist alles, was seinen Zweck erfüllt hat und nun nicht mehr benötigt wird, oder von vorneherein eigentlich nutzlos war. Eben alles, was Ihr Leben nicht mehr bereichert und unnötig Platz einnimmt in Ihrer Einrichtung oder Ihrem Herzen. Gerümpel ist Schnickschnack, der herumsteht und Staub ansetzt. Gerümpel sind ausgediente Möbel, die im Keller lagern. Gerümpel ist die lose Blattsammlung auf dem Schreibtisch, unfertige oder unerledigte Dinge, die Unordnung in den Regalen, der Krimskrams im Wohnzimmer, das Chaos im Küchenschrank.

Entrümpeln heißt, sich von Ballast zu befreien und Raum zu schaffen. In der Wohnung, aber auch Freiräume im Geist. Denn den braucht jeder, um sich zu entfalten und weiter zu wachsen. Hängen wir allzu sehr an alten Dingen und stopfen unsere Wohnung und unsere Seele voll mit Unrat und nutzlosem Zeug, so engen wir uns selber ein. Eine überfüllte Wohnung wirkt automatisch unordentlich, selbst wenn Sie geputzt und sauber ist. Es fehlt die Struktur und eine klare Linie. Sagen wir dem Gerümpel und all dem Unrat den Kampf an, so räumen wir auch unseren Geist auf. In klaren, aufgeräumten und luftigen Wohnräumen kann die Seele atmen und fühlen wir uns frei.

1.2.2 Wieso ist Entrümpeln so befreiend?

Stellen Sie sich folgende Szenarien vor und entscheiden Sie anschließend, welche Variante sie wählen würden:

1a) Sie befinden sich an einem Strand. Es ist Hochsaison, weshalb Sie mehr Geld für den Urlaub ausgegeben haben und die Liegen des Hotels stehen dicht an dicht, sodass Sie Probleme haben, sich einen Weg zum Wasser zu bahnen. Kinder rennen über den Sand, spielen und kreischen. Und das Meer ist voll mit Menschen und ihren Luftmatratzen.

oder

1b) Sie befinden sich in einer kleinen Bucht, außer Ihnen sind nur eine Handvoll Menschen da. Sie genießen die Ruhe, den freien Blick aufs Meer und ein angenehmes Bad in den Wellen.

2a) Sie müssen noch dringend Geschenke für Weihnachten einkaufen und erledigen dies ausgerechnet am Samstag des letzten Adventswochenendes. Die Innenstadt ist brechend voll und Sie schieben sich mit Hunderten anderen Menschen durch die Straßen und Gassen. Es dauert ewig, bis Sie in dem Gewühl etwas Passendes finden und anschließend müssen Sie noch an einer völlig überfüllten Kasse anstehen, um zu bezahlen.

oder

2b) Sie stehen Mittwochmorgen auf und sind kurz nach Ladenöffnung in der Stadt. Es sind kaum Menschen unterwegs, die Gänge in den Geschäften sind leer und Sie können in Ruhe stöbern und aussuchen. An der Kasse geht es schließlich auch blitzschnell, Sie sind im Handumdrehen wieder zu Hause und haben mehr Zeit für andere Dinge.

3a) Sie stehen stundenlang im Stau, weil sich auf der Autobahn schon seit Monaten eine Baustelle befindet. Die Blechlawine schiebt sich nur sehr langsam vorwärts und Sie haben das Gefühl, Ihrem Ziel kein Stückchen näher zu kommen und wissen, Sie werden auf jeden Fall zu spät sein.

oder

3b) Sie fahren über die Landstraße, genießen die schöne Aussicht und die freie Fahrt. Sie kommen bequemer und eher ans Ziel, als über die vermeintlich schnellere Route über die Autobahn.

Welche Alternative würden Sie sich aussuchen, wenn Sie die Wahl hätten? Einsamer Strand, ungestörtes Shoppen und freie Fahrt auf dem Weg zum Ziel, richtig?

Nun, wie die oben genannten (offensichtlichen) Beispiele zeigen, ist weniger oftmals mehr. Werfen wir doch noch einmal einen Blick darauf:

Die Liegen und die Luftmatratzen in Szenario 1 stehen für all die Dinge, die Sie im Leben besitzen und horten und die Sie eigentlich nicht brauchen oder wollen. Sie gelangen über den vollgestellten Strand kaum zum Meer und erreichen Sie es doch, trüben die vielen Matratzen den ungestörten Schwimmspaß. Genauso verhält es sich mit dem Plunder in Ihren Schränken und Kisten. All dem Krimskrams eben, der rumsteht. Von den vielen Klamotten beispielsweise die Sie in Ihrem Schrank aufbewahren, tragen Sie doch nur einige bestimmte wirklich gern und häufig. Die zu finden, kann mitunter ganz schön schwer werden bei all den anderen Anziehsachen. Diese nehmen nur unnötig Platz weg und Sie haben keine freie Stelle im Regal oder einen Kleiderbügel für neue Dinge.

Bei dem Weihnachtseinkaufs-Szenario geht es um all die Menschen, die Sie in Ihrem Leben kennen. Wirkliche Freundschaften und schöne Beziehungen gibt es nur wenige, trotzdem halten wir oft an vielen Bekannten fest und laden diese zu Festen ein, obwohl wir die Personen gar nicht dabei haben wollen. Vielleicht aus Pflichtgefühl oder Mitleid. Lösen Sie sich von dem Gedrängel in den Straßen, also den Menschen, die Ihnen nicht gut tun oder Sie nicht glücklich machen.

Im letzten Beispiel mit der Baustelle schließlich geht es um die unerledigten Sachen in Ihrem Leben. Wie beispielsweise die lose Blattsammlung auf Ihrem Schreibtisch. Sie haben das Gefühl, diese Baustelle wird niemals fertig und es kommen jeden Tag mehr und mehr Zettel hinzu. Der Stapel wird also größer, anstatt nach und nach abgetragen zu werden. Genauso, wie sich immer mehr Autos vor der Baustelle stauen. Wenn Sie aber mal genau hinsehen, ist dahinter die Straße frei und Sie könnten wie der Wind dahinbrausen und schnell ans Ziel gelangen. Wenn eben diese Baustelle endlich mal weg wäre.

Unerledigte Dinge anpacken, sich von unnötigem Ballast befreien und einige wenige Freundschaften pflegen, anstatt es allen Recht machen zu wollen. Dies alles wirkt sich positiv auf unser Leben aus. Konzentrieren wir uns mehr auf das Wesentliche, lassen Altes hinter uns und öffnen wir uns für Neues, so kommen wir im Leben voran. Schaffen Sie Raum für neue, unbekannte Dinge, lösen Sie sich von alten Verhaltensmustern und Gegenständen. Vieles aus der Vergangenheit hängt uns wie ein Klotz am Bein. Wir schleppen Altlasten mit uns rum, trauern längst vergangenen Erinnerungen nach und bewahren Krimskrams und Nippes auf, um uns daran zu klammern. Wie aber soll Neues Platz in Ihrem Leben finden, wenn jede noch so kleine Ecke in unserer Wohnung und unserem Herzen vollgestopft ist?

Entrümpeln Sie Ihre Wohnung, so räumen Sie gleichzeitig auch Ihre Seele auf, indem Sie mit Dingen abschließen, lernen loszulassen und gezielt Entscheidungen zu treffen. Ist der alte Kram erst mal verschwunden, Ihr Zuhause ordentlich und auf die wirklich wichtigen Dinge beschränkt, so können Sie endlich auf- und wieder durchatmen. Nicht umsonst reisen erfahrene Weltenbummler mit so wenig Gepäck wie nötig. Es macht flexibler, frei und die Reise bequemer, da wir nicht Unmengen an unnötigem Gepäck auf dem Buckel rumschleppen. Und keine Angst: Was wir nicht dabei haben, kann problemlos besorgt werden.

Eine ordentliche und aufgeräumte Wohnung ist demnach wie ein Spiegel unserer Selbst. Wir sind mit uns selbst im

Reinen, unser Geist aufgeräumt und alles hat Struktur und Ordnung. Herrscht hingegen das Chaos, so stimmt oft in unserem Leben was nicht. Wir klammern uns an etwas fest, wollen nicht loslassen und horten vermeintlich wichtige Dinge um uns, damit wir uns in irgendeiner Weise besser fühlen. Doch irgendwann ersticken wir in all diesem Unrat und verschließen uns vor der Zukunft.

In alten Erinnerungen zu schwelgen ist schön, jedoch sollten wir nicht in der Vergangenheit leben. Schmeißen Sie das alte Gerümpel aus Ihrer Wohnung, so verschwindet es auch aus Ihrem Geist und Sie können sich neuen Dingen öffnen.

Und mal ehrlich: Fühlen wir uns nicht in einer schönen, aufgeräumten Wohnung viel wohler? Wenn alles einen angestammten Platz hat und wir uns nicht schämen müssen, wenn Besuch kommt?

1.2.3 Umziehen – Eine Chance für den Neuanfang

Madame Missou erinnert sich noch genau daran, wie es war, als sie das erste Mal eine eigene Wohnung bezog und ihr Elternhaus verlassen hat. Ebenso lebhaft sind die Erinnerungen, wie viel sich in diesem einzelnen Zimmer im Laufe der Jahre angesammelt hatte. Als sie Kisten und Kartons packte, fanden sich plötzlich längst vergangene Schätze, Krimskrams, alte Schulbücher, Poesiealben, Briefe, Klamotten, Zeitschriften und, und, und. Ganz zu schweigen davon, was sich so alles unter dem Bett befand und in den Schreibtischschubladen.

Wenn sich in einem Zimmer schon so viel Gerümpel befindet, wie ist es dann erst, wenn man bereits in einer Wohnung wohnt und einen Umzug plant? Falls Sie nicht vorhaben Gerümpel einfach nur von A nach B zu transportieren, sollten Sie rigoros ausmisten. Denn seien wir ehrlich: Häufig werden die lästigen Kisten aus dem Keller einfach mit in den Umzugswagen gestopft, nur um dann in der neuen Wohnung ebenfalls wieder im Keller zu landen und dort zu versauern.

Führen Sie sich eines vor Augen: je gründlicher Sie entrümpeln und alte, nutzlose Dinge entsorgen, umso weniger haben Sie zu schleppen und umso schöner und aufgeräumter wird Ihr neues Zuhause sein.

Ein Umzug ist eine große Chance für einen Neuanfang und ein guter Initiator alte Lasten über Bord zu werfen. Lösen Sie sich von dem Vergangenen und seien Sie offen für den Neustart.

1.3 Typische Ausreden

1.3.1 Das kann man noch mal gebrauchen

Wann genau haben Sie es denn zum letzten Mal tatsächlich benutzt? Wieso haben Sie irgendwann damit aufgehört? Wenn Sie es heute entsorgen oder weggeben würden, könnten Sie zur Not umgehend für Ersatz sorgen? Ein Beispiel: Ihre alte einfache Kaffeemaschine hat ausgedient, da Sie nun eine tolle neue vollautomatische Espressomaschine haben, die Ihnen auch Cappuccino und Co im Handumdrehen zaubern kann. Natürlich ist das alte Gerät noch funktionstüchtig und kann irgendwann noch mal nützlich sein. Die Betonung liegt auf „irgendwann". Vermutlich werden Sie aber nie wieder auf die alte Maschine zurückgreifen. Verkaufen Sie das gute Stück doch oder verschenken es. Vielleicht können Sie es auch dem Pausenraum auf der Arbeit stiften. Aber sorgen Sie dafür, dass zu Hause nicht unnötig Platz weggenommen wird.

1.3.2 Das kommt wieder in Mode

Ja, ja … irgendwann wird das vielleicht wieder modern. Aber wollen Sie wirklich wertvollen Platz in Ihrem Kleiderschrank mit alten Sachen blockieren, wo Ihnen aus den Schaufenstern so schöne neue Sachen verlockend zulächeln? Wie viele Jahre sind Sie bereit auf den erneuten Trend zu warten? Handhaben Sie es stattdessen so: Immer wenn Sie sich von 2 Kleidungsstücken trennen können, dürfen Sie ein neues Teil kaufen. Wenn Sie sich daran halten, wandern nach und nach ganz automatisch die alten oder ungeliebten Sachen in den Müll oder die Altkleidersammlung.

1.3.3 Es ist zum Wegwerfen viel zu schade

Zugegeben, Madame Missou wirft auch ungern Sachen weg, die noch funktionieren oder so gut wie ungetragen bzw. unbenutzt sind. Aber Sie müssen ja auch nicht alles gleich in die Tonne entsorgen. Kleidung beispielsweise. Fehlkäufe oder wenig getragene Klamotten und Schuhe, die Sie sehr selten tragen oder schon ewig nicht mehr angehabt haben, sind in der Altkleider- und Schuhesammlung bestens aufgehoben, auch ein Secondhand-Shop ist denkbar. Altes Geschirr, Bücher, Elektrogeräte, Möbel und Co. können Sie hingegen wunderbar in den Kleinanzeigen inserieren und sich von dem Gewinn etwas Schönes gönnen. Versuchen Sie es doch einmal auf dem Flohmarkt. Besonders, wenn Sie Kinder haben, lohnt sich oftmals der Gang auf den Trödelmarkt. Die Kleinen wachsen rasend schnell aus ihrer Kleidung raus und andere Mütter freuen sich, wenn Sie Babysachen günstig erstehen können. Gleiches gilt natürlich auch für Spielzeug und andere Dinge. So brauchen Sie kein schlechtes Gewissen haben, etwas Brauchbares einfach entsorgt zu haben, tun etwas Gutes, machen andere glücklich oder schlagen einen kleinen Gewinn raus. Zum diesem Thema kann ich Ihnen auch Kapitel 4 Endlich Ordnung im Kleiderschrank empfehlen!

1.3.4 Das Genie beherrscht das Chaos

Nun gut, sie glauben also, dass Besucher aus der

Unordnung in Ihrer Wohnung schließen werden, dass Sie ein Genie sind und das Chaos Ausdruck Ihrer Persönlichkeit ist. Zugegeben, vom Erscheinungsbild Ihres Wohnraumes wird sehr wohl auf Ihre Persönlichkeit geschlossen, aber das dürfte weniger positiv ausfallen. Schlampe, Messie, Faulpelz, Putzmuffel kämen schon eher infrage. Sie glauben vielleicht, Herr über die Unordnung zu sein, trotzdem müssen Sie vermutlich suchen, bis Sie einen gewünschten Gegenstand finden. Wer wirklich über das Chaos herrschen will, muss es beseitigen und erst gar nicht wieder aufkommen lassen.

1.4. Ausmisten für Anfänger

1.4.1 Die Fünfer-Regel

Starten wir mit einer kleinen Grundregel. Diese soll Ihnen den Start in ein Leben ohne Plunder und Gerümpel erleichtern und ist zudem sehr einfach zu befolgen. Ab heute machen Sie Folgendes: **Sortieren Sie jeden Tag 5 Dinge in Ihrem Haushalt**, werfen Sie diese weg oder räumen Sie sie dahin, wo sie hingehören. Klingt ganz simpel, oder?

Socken auf dem Boden? Ab in den Wäschekorb damit!

Alte Zeitschrift auf dem Couchtisch? Ins Altpapier.

Leere Toilettenpapierrollen stehen im Bad? Diese wandern ebenfalls zum Altpapier.

Ihre Jacke hängt über dem Küchenstuhl? Sie gehört an die Garderobe.

Ungelesene Bücher stapeln sich auf dem Nachttisch? Stellen Sie alle zurück ins Regal.

Der Joghurt im Kühlschrank ist bereits seit Tagen abgelaufen? Wieso ist er dann nicht schon längst in den Abfall gewandert?!

Dies alles sind einfache Handgriffe und innerhalb weniger Sekunden erledigt. Befolgen Sie diese Regel **konsequent jeden Tag** und investieren nur ein paar Minuten, dann haben Sie nach nur einer Woche schon einiges an Chaos bewältigt und denken Sie nur daran, was Sie in einem Monat schaffen können.

Spätestens nach besagtem Monat steigern Sie das Pensum. Nun sind es nicht mehr nur 5 unterschiedliche Sachen pro Tag, die weggeworfen oder sortiert werden, sondern z.B. **5 Dinge pro Tag und Raum.** So erhalten Sie nach einiger Zeit eine Routine darin, Sachen direkt zu erledigen und nicht unnötig hinauszuzögern. Meistens dauert es auch gar nicht lange und Sie können natürlich Ihren Partner oder die Kinder zusätzlich in die Pflicht nehmen. Die Fünferregel eignet sich nämlich ebenfalls hervorragend fürs Kinderzimmer. Sie können die Kinder anschließend am Abend fragen, was sie alles geschafft haben aufzuräumen und natürlich ganz doll loben, wie toll der Raum nun aussieht. Eine kleine Belohnung am Ende der Woche wird mit Sicherheit die Motivation noch ein bisschen steigern, besonders, wenn sie vorab in Aussicht gestellt wird. Gleiches gilt natürlich auch für Sie. Gönnen Sie sich doch einfach am Wochenende was.

1.4.2 Termine machen und einhalten

Für alles machen wir heutzutage Termine, vergeben feste Zeiten für Sport, Freunde, Arbeit, Hobby und so weiter. Nur Aufräumen, das wird meistens nebenher gemacht. Ist ja auch kein Problem, solange es funktioniert.

Wenn Sie allerdings das Gefühl haben, zu Hause im Chaos zu versinken und es einfach ungemütlich und unordentlich bei Ihnen ausschaut, dann ist es an der Zeit, den Terminkalender zu zücken.

Starten Sie mit kleinen Einheiten. Zum Beispiel Montagabend 20 Uhr für 15 Minuten aufräumen. Als

Belohnung können Sie im Anschluss dann fernsehen oder sich etwas anderes gönnen. Glauben Sie Madame Missou, in einer viertel Stunde lässt sich viel erledigen.

Sie können diesen Terminen dann langsam ein wenig mehr Platz im Kalender einräumen. Zweimal oder dreimal die Woche. Und die 15 Minuten sind auch noch steigerungsfähig. Sie werden sehen, ist eine gewisse Grundordnung zu Hause eingekehrt, dann können Sie die Dauer der Putz- und Aufräumtermine sehr bald wieder nach unten schrauben.

1.4.3 Kleinvieh macht auch Mist

Sich gleich den ganzen Kleiderschrank vorzunehmen ist sehr nobel, wird aber aller Wahrscheinlichkeit nach dazu führen, dass Sie die Aktion vorzeitig abbrechen. Wieso? Ist die Unordnung im Schrank so groß und haben Sie seit Ewigkeiten nicht mehr dort ausgemistet, dann kann es einen ganzen Nachmittag oder sogar Tag in Anspruch nehmen. Die Energie, mit der Sie ans Werk gehen, verpufft ganz schnell angesichts der schier unüberwindbaren Aufgabe.

Stattdessen sollten sie in kleinen Schritten vorgehen. Beispielsweise nehmen Sie sich nur eine Ablage vor, oder eine Kleiderstange. So stellt sich der Erfolg zwar erst nach und nach ein, aber die Motivation bleibt konstant und es kommt erst gar kein Frust auf. Bei Kommoden, Küchenschränken und Regalen sollten Sie ebenfalls so vorgehen.

1.4.4 Erledigen Sie es sofort

Alles was nicht länger als 2 Minuten dauert, wird sofort erledigt. Die Fernbedienung wird nach Abschalten des Fernsehers an ihren Platz gelegt. Leere Pfandflaschen werden zurück in den Kasten gestellt oder in eine Tüte gesteckt. Die Waschmaschine kann bei ausreichend Wäsche befüllt und gestartet werden. Leere Duschgelflaschen wandern sofort in den Mülleimer. Die gerade gelesene E-Mail wird direkt beantwortet usw. Dies alles sind kleine und einfache Handgriffe mit großer Wirkung. Wenn Sie sehen, wie schnell solche Sachen von der Hand gehen, dann steigern Sie den Zeitraum. Dann wird alles, was nicht länger als z.B. 5 Minuten dauert, sofort erledigt.

1.4.5 Wo kommt etwas zum Einsatz?

Bewahren Sie Sachen dort auf, wo sie tatsächlich benötigt werden. Schuhe haben in der Küche nichts zu suchen und Handtücher kann man wunderbar im Bad aufbewahren, anstatt im Kleiderschrank. Die Schlüssel sollten nicht auf dem Esstisch herumliegen, sondern in einem Schlüsselkasten hängen oder in einer Schale neben der Eingangstür aufbewahrt werden. Auch die Leinen der Hunde sind im Flur bestens aufgehoben und sollten nicht irgendwo herumliegen.

Wenn alles in der Wohnung seinen angestammten Platz hat, so finden Sie Dinge schnell wieder, sparen Zeit und haben immer alles griffbereit.

1.4.6 Was kann man getrost wegwerfen?

Sie haben schon vor Jahren Ihr Diplom gemacht, aber trotzdem stehen auf Ihrem Schreibtisch noch Ordner mit Seminarunterlagen und Mitschriften aus Vorlesungen? Irgendwo in Schubladen verstauben Programmhefte aus dem Theater? In der Küchenschublade liegen noch alte Messer, die schon lange stumpf sind und nicht mehr schneiden? Sie haben noch eine Handvoll Kugelschreiber, deren Miene schon lange leer ist?

Entsorgen Sie solche Dinge umgehend. Sie nehmen sie ja doch nie wieder zur Hand und zum erneuten Einsatz kommen sie auch nicht. Es sei denn, Sie investieren ein paar Minuten um Messer zu schärfen oder Ersatzmienen für die Kulis zu kaufen. Das vergessen Sie immer wieder? Na, dann kommen diese Sachen eben in den Müll.

1.4.7 Richtig Sortieren

Nehmen Sie sich verschiedene Wäschekörbe oder Kartons zu Hilfe, wenn Sie zu Hause ausmisten.

Beschriften Sie diese wie folgt:

- Behalten
- Wegwerfen
- Spenden/Verschenken
- Reparieren
- Verkaufen

Für die Sektion Wegwerfen tut es auch ein einfacher Müllbeutel, so kommen Sie nicht in Versuchung, noch mal hineinzusehen und gegebenenfalls Dinge wieder rauszufischen. Für alles, was Sie behalten wollen finden Sie umgehend einen entsprechenden neuen Aufbewahrungsplatz in der Wohnung und stopfen es keinesfalls zurück in Schublade und Co. Für Spenden/Verschenken, Reparieren und Verkaufen gilt zusätzlich noch folgender Leitsatz: Ist es nach einem Monat nicht weg, so wird es ebenfalls im Müll entsorgt. So laufen Sie nicht Gefahr, dass diese Dinge sich doch wieder bei Ihnen ansammeln und in Vergessenheit geraten. Reparieren Sie also Kleidung, Elektrogeräte und anderes umgehend, um es wieder einsatzbereit zu machen und schalten Sie eine Kleinanzeige für Gegenstände, aus denen sich noch etwas Kapital schlagen lässt. Sie können natürlich auch eine Anzeige aufgeben für alles, was Sie verschenken möchten, oder fragen Sie in Ihrem Freundes- und Bekanntenkreis. Am einfachsten ist jedoch alles zu spenden. Altkleidersammlungen gibt es in nahezu jeder Stadt und auch spezielle Dienste, die gebrauchte Möbel und anderes bequem bei Ihnen zu Hause abholen und sie denjenigen zukommen lassen, die es wirklich brauchen. So kommt bei Ihnen erst gar kein schlechtes Gewissen auf, denn die Sachen, die zu schade sind zum Wegwerfen, bekommen so eine zweite Chance.

Nach spätestens einem Monat sollten alle Kartons oder Wäschekörbe demnach wieder leer bei Ihnen rumstehen. Ist dem nicht so, werden Sie umgehend in den Müll geleert

1.4.8 Gehen Sie niemals umsonst

Bevor Sie einen Raum verlassen, sehen Sie sich kurz um. Ist dort etwas, dass Sie mitnehmen können? Steht beispielsweise ein leeres Glas auf dem Wohnzimmertisch und Sie haben vor in die Küche zu gehen, dann nehmen Sie es einfach mit. Sie befinden sich im Schlafzimmer und gehen ins Bad? Packen Sie die Schmutzwäsche ein und starten Sie die Waschmaschine. In der Küche liegen Schal und Handschuhe? Hängen Sie diese im Vorbeigehen an die Garderobe im Flur. Sie verlassen die Wohnung. Bringen Sie auch gleich den Müll runter. Wenn Sie Arbeitswege effektiv nutzen, können Sie ganz nebenher für ein wenig Ordnung sorgen.

1.4.9 Die Geheimwaffe

Kennen Sie jemanden der rigoros ist? Dem Ihr Betteln egal ist oder Ausflüchte wie „Das kommt bestimmt noch mal in Mode". Suchen Sie sich unbedingt so eine Person als Unterstützung beim Ausmisten. Vielleicht Ihre Mutter oder beste Freundin. Jedes Mal, wenn Sie anfangen zu jammern, kann diese Person als Stimme der Vernunft zu Ihnen sprechen oder im Notfall Ihnen das Gerümpel mit Gewalt entreißen. Bedenken Sie, je länger Sie darüber nachdenken, ob Sie einen Gegenstand behalten oder nicht, umso schwieriger wird es, eine Entscheidung zu treffen. Besser Sie machen kurzen Prozess und denken nicht groß darüber nach.

1.5. Die „W"-Fragen

Um es Ihnen leichter zu machen Entscheidungen zu treffen, wenn Sie ausmisten, stellen Sie sich einfach ein paar simple Fragen, während Sie ans Werk gehen:

1.5.1 Warum besitze ich das?

Wieso haben Sie sich diesen Gegenstand einmal angeschafft oder aufbewahrt? Welchen Zweck sollte er erfüllen und tut er dies heute immer noch? Oder haben Sie längst andere Kleidung oder Geräte, die diese Aufgabe übernehmen, nur eben viel besser? Wenn Sie es behalten, weil es einfach nur zu schade zum Wegwerfen ist, dann verkaufen, spenden oder verschenken Sie es.

1.5.2 Würde ich es mir heute noch mal kaufen?

Stellen Sie sich bitte vor, Sie gehen gerade shoppen, beispielsweise in einem Modegeschäft. Würden Sie den Pullover, der zwar schön kuschelig warm ist, den Sie aber die letzten drei Winter nie anhatten noch mal kaufen? Jetzt, in diesem Augenblick? Um ihn in diesmal zur kalten Jahreszeit zu tragen? Nein? Was macht er dann noch in Ihrem Schrank? Weg damit!

1.5.3 Werde ich es jemals wieder benutzen?

Sie haben sich im Urlaub ein lustiges Motto-Shirt gekauft, als Sie mit Ihren Freunden unterwegs waren? Damit würden Sie zu Hause aber niemals freiwillig rumlaufen? Entsorgen Sie es! Es hat seinen Zweck erfüllt und war eine Zeit lang witzig. Jetzt nimmt es nur Platz im Schrank weg, den Sie mit neuen schönen Klamotten füllen können, die Sie tatsächlich tragen werden.

Oder ein anderes Beispiel: Sie haben sich im schwedischen Möbelhaus bereits das dritte Bücherregal gekauft? Zugegeben, Bücher sind was Schönes und wir alle lieben doch gute Geschichten. Doch seien Sie ehrlich: Wie viele Bücher besitzen Sie, die Sie noch nie angerührt haben? Ach so, die werden Sie irgendwann mal lesen? Glauben Sie Madame Missou, das werden Sie nicht. Genauso wenig, wie Sie ausgelesene Bücher vermutlich erneut in die Hand nehmen und noch einmal lesen werden. Dies sind absolute Ausnahmen und nur einige wenige Lieblingsschmöker. Die können sie getrost aufbewaren. Für alle anderen gilt: weg damit. Sie müssen Sie ja nicht im Müll entsorgt werden. Spenden Sie die Bücher an ein Krankenhaus oder Altersheim oder verkaufen Sie die alten Schinken.

1.5.4 Was will ich (noch) damit?

Handelt es sich um einen Gegenstand, an dem Sie aus emotionalen Gründen hängen, der aber ansonsten nutzlos ist? Ja, da kann es mitunter schwerfallen, sich davon zu trennen. Macht er Sie glücklich, dann sollte er aber einen Ehrenplatz haben, anstatt im Keller zu versauern. Aha, so wichtig ist er dann doch nicht? Eigentlich werden Sie sogar traurig, wenn Sie ihn ansehen? Herzlichen Glückwunsch, Sie haben einen Anker ausfindig gemacht, der Sie in der Vergangenheit festhält. Zeit sich davon zu lösen und mutig voranzuschreiten.

Halten Sie sich immer vor Augen: Wenn Sie etwas in

Kisten stecken und irgendwo in der Garage oder in der hintersten Schrankecke verstecken, dann ist es wohl für Ihr Leben keine Bereicherung mehr oder nicht mehr wirklich wichtig. Wäre es etwas, woran Sie wirklich hängen, dann hätten Sie es auch nicht verbannt. Trauern Sie solchen Gegenständen darum nicht hinterher, sondern setzen Sie gekonnt in Szene, was Sie augenblicklich glücklich macht. Mit diesen Dingen sollten Sie sich umgeben.

1.5.5 Was passiert, wenn ich es wegwerfe?

Hand aufs Herz: Würden Sie es tatsächlich vermissen? Sie haben es die letzten Jahre oder Monate nicht benutzt und hatten vielleicht sogar bereits vergessen, dass es je existiert hat. Sie haben es in einen muffigen Karton verbannt und im Keller aufbewahrt, oder in einer Schublade mit Krimskrams. Was also wäre so schlimm daran, wenn es nun ganz weg wäre? Ist dieser Gegenstand absolut nicht ersetzbar? Wieso haben Sie ihn dann in die Verbannung geschickt?

1.5.6 Wann habe ich es das letzte Mal benutzt?

Das wissen Sie schon gar nicht mehr? Machen wir es kurz: Weg damit!

1.6. Emotional entrümpeln

1.6.1 Nach dem Verlust eines geliebten Menschen

Saßen Sie schon mal im Zimmer eines verstorbenen geliebten Menschen, umgeben von all seinen persönlichen Sachen und standen vor der schier unüberwindbaren Hürde dies alles nun zu entsorgen? Es ist schrecklich, es ist traurig, es ist zu Beginn nahezu unmöglich. Dies weiß leider auch Madame Missou nur zu gut. Trotzdem muss diese Aufgabe erledigt werden und oftmals hat man dafür nur begrenzt Zeit. Beispielsweise, wenn es sich um eine Mietwohnung handelt, die nun geräumt werden muss.

Wo fängt man am besten an? Was ist von Wert und was nicht? Wohin mit all den Sachen? Was diese Sache so schwierig macht: Alles, wirklich alles, was Sie um sich herum sehen, hatte mal einen Wert, eine Bedeutung für den Besitzer. Jede noch so winzige Kleinigkeit. Selbst der Schreibblock auf dem Bürotisch, auf dem sich noch Notizen befinden.

Fakt ist: Sie können nicht alles behalten, aber Sie können viel Gutes mit dem Nachlass tun. Spenden Sie Kleidung, Elektrogeräte, Bücher und Möbel, oder verschenken Sie diese Sachen. Es gibt bedürftige Menschen, Studenten oder auch Freunde, die sich darüber sehr freuen. Und anderen eine Freude zu machen, macht uns selbst auch ein Stückchen glücklich. Und ein Funken Glück können Sie in dieser Zeit bestimmt gebrauchen. Sie können natürlich auch Sachen verkaufen und das Geld für die Bestattung verwenden oder die Grabpflege.

Jedoch sollten Sie eines nicht vergessen und diesmal ist es tatsächlich ausdrücklich erwünscht: Behalten Sie ein paar Dinge selbst. Vielleicht das Lieblingsbuch der Person, ein besonderes Schmuckstück, oder etwas anderes, dass Sie miteinander verbunden hat. Madame Missou zum Beispiel hatte eine Freundin, die trug bei Regenwetter immer den alten Wachsmantel ihres Vaters, wenn sie mit dem Hund Gassi ging.

1.6.2 Die große Liebe geht, Erinnerungen bleiben

Die Beziehung oder Ehe ist in die Brüche gegangen und beendet. Das tut weh und ist umso schwerer, wenn Sie das Ende nicht haben kommen sehen oder es nicht wollten. Besonders, wenn Sie bereits zusammengelebt haben, wird eine Trennung zur Herausforderung. Die gemeinsame Wohnung an sich ist schon etwas, woran unzählige Erinnerungen haften. Sie denken vielleicht an den Tag zurück, als Sie diese gemeinsam ausgesucht haben, die Möbelhäuser nach schönen Einrichtungsgegenständen durchforstet haben und, und, und.

Über die Jahre hat sich dann vieles angesammelt. Fotos an den Wänden, Möbel, die Zahnbürste im Bad. Alles erzählt Ihnen eine kleine Geschichte. Hält Ihnen jeden Tag vor Augen, wie schön es einmal war.

Wenn Sie sich also nicht unnötig quälen wollen, sollten Sie zwar eine Zeit lang im Selbstmitleid zerfließen, die Sache aber dann bei den Hörnern packen und Stück für Stück loslassen lernen. Dabei hilft Ihnen vielleicht auch mein kleiner Ratgeber "Tschüss Liebeskummer!"

Wie schaffen Sie es, loszulassen?! Fangen Sie mit Kleinigkeiten an. Nehmen Sie Fotos von den Wänden, oder ersetzen Sie diese durch Bilder Ihrer Familie, Freunde, Haustiere oder auch Urlaubsfotos. Hauptsache der Verflossene ist nicht darauf. Dann entsorgen Sie die zurückgelassenen Dinge im Kleiderschrank oder Badezimmer wie Parfum, Aftershave, Kamm, Hemden und so weiter. Widerstehen Sie der Versuchung, sein/ihr Deo oder Parfum zu versprühen oder gar selbst zu tragen. Geben Sie die alte Kleidung der Wohlfahrt und gemeinsame Souvenirs wandern in den Müll.

Machen Sie langsam so weiter. Nicht alles an einem Tag, sondern Stück für Stück. Wenn es Ihnen zu schwer fällt, Dinge so rigoros zu entsorgen, dann nehmen Sie sich einen kleinen Umzugskarton und verstauen Sie Fotoalben und Co erst mal dort. Beschriften Sie die Kiste und verstauen Sie die Box im Keller. Die Beziehung oder auch Ehe war einmal Teil Ihres Lebens. Sie müssen sie darum nicht komplett auslöschen. Das wäre, als würde man sich selbst verleugnen. Immerhin hat die Beziehung, so lang oder kurz sie auch war, Sie geprägt und zu dem gemacht, was Sie heute sind. Wir sollten Frieden mit der Vergangenheit schließen, Sie zu schätzen wissen, aber nicht darin verloren gehen.

Wenn Sie die alten Alben irgendwann noch mal ansehen

wollen – gut. Wenn Sie die Fotos und Erinnerungen aber nicht mehr brauchen und damit abgeschlossen haben – besser! Dann können Sie den kleinen Karton vielleicht irgendwann mit leichtem Herzen entsorgen.

Kleiner Tipp am Rande:

Es kann auch unheimlich gut oder befreiend sein, wenn Sie den Karton anschließend in einem kleinen Freudenfeuer verbrennen! Oder Sie lassen sein/ihr ehemaliges Lieblingsoberteil in Flammen aufgehen, verbrennen gemeinsame Fotos oder, oder, oder.

1.6.3 Erinnerungsstücke & Souvenirs

Erinnerungen sind etwas Wunderbares. Besonders, wenn es sich um schöne Erlebnisse handelt, die wir uns gerne ins Gedächtnis rufen. Doch es gibt auch Souvenirs und Andenken, die einfach nur Platz im Zuhause wegnehmen und die wir mit Sicherheit nie wieder hervorkramen, um sie zu bewundern. Madame Missou hat Ihnen dazu eine kleine Liste vorbereitet:

- Figuren vom Bleigießen an Silvester
- Postkarten von Freunden
- verschiedene Souvenirs aus dem Urlaub
- Muscheln vom Strand
- Programmheft aus dem Theater/Musical
- Quittung des Restaurants vom ersten Date
- Kinoeintrittskarten

Was für einen Nutzen haben all diese Dinge? Eigentlich keinen, oder? Natürlich zaubern Sie einem vielleicht noch mal ein Lächeln aufs Gesicht, aber in den meisten Fällen, werden wir diese Sachen einfach irgendwo aufbewahren, ohne sie je wieder eines Blickes zu würdigen. Darum verstauben und vergammeln sie in irgendeiner Schublade. Erinnern Sie sich darum beim Ausmisten ein letztes Mal an diese wundervollen Momente, an das spaßige Silvester, den schönen Sommertag am Strand oder die tolle Theateraufführung. Und dann erweisen Sie all diesen Dingen die letzte Ehre und werfen Sie liebevoll in den Müll. Denken Sie daran: Alles, was einmal seinen Zweck erfüllt hat und es nun nicht mehr tut, wird weggeworfen.

1.6.4 Erinnerungsbox – Notlösung für Sentimentale

Wenn Ihnen aber all diese kleinen, eigentlich nutzlosen Dinge so sehr am Herzen liegen, dann lassen Sie diese nicht hier und dort versauern, sondern bewahren Sie alle gezielt an einem Ort auf: Der Erinnerungsbox.

Dies ist ein Karton (am besten nicht zu groß), in dem sich viele kleine Kartons befinden. Jeder ist mit einer Jahreszahl versehen und in seinem Inneren befindet sich je ein Karteikärtchen. Dieses ist beschriftet mit Datum, dem Ereignis und dem dazugehörigen Erinnerungsstück in der kleinen Box.

Beispiel:

Box ist beschriftet mit 2012

Auf der Karteikarte steht:

20. Februar – Kinoeintrittskarte vom ersten Date

16. Mai – Flugticket nach Kreta

19. Dezember – Positiver Schwangerschaftstest

usw.

1.7. Digital entrümpeln

1.7.1 Ihr Computer kann ruhig etwas abspecken

Wenn Sie sich einmal die Zeit nehmen und sich durch die verschiedenen Festplatten und Ordner auf Ihrem Computer klicken, werden Sie erstaunt, ja vielleicht sogar erschrocken sein, was sich da alles findet. Darum sollten Sie sich beim Einschalten des Computers jedes Mal einen Ordner vornehmen. Oder wenn diese zu überfüllt sind, können Sie sich von Datei zu Datei hangeln. Dies wird jedoch ein Mammutprojekt über viele Monate, je nachdem, wie ausgelastet Ihre Festplatten sind.

Bei jeder Datei, die Sie öffnen, fragen Sie sich, ob Sie den Inhalt jemals wieder benötigen werden. Sollte die Antwort ja sein, so überlegen Sie, ob sich die betreffende Information auch anderweitig schnell ausfindig machen ließe. Beispielsweise im Internet. Wenn dem so ist, löschen Sie die Datei. Auch alte Einladungsschreiben, heruntergeladene Bilder, pdf-Dateien, Bewerbungsschreiben von vor ewigen Zeiten, witzige Videos und so weiter. Alles, was nicht irgendeinen aktuellen Nutzen hat, wird entsorgt. Die lustigen Kätzchenvideos können Sie auch online schauen.

Alternativ können Sie auch einfach zum Jahreswechsel ALLE Ordner in einen neuen Überordner z.B. mit dem Namen „Jahr 2013" schieben und beginnen mit einem leeren virtuellen Arbeitsplatz. Dateien, die Sie in den nächsten 2-3 Monaten noch aus dem vergangenen Jahr benötigen, kopieren Sie einfach auf den neuen, jungfräulichen Arbeitsplatz. Den gesamten Ordner „Jahr 2013" kopieren Sie dann einfach z.B. im März auf eine externe Festplatte und löschen ihn auf Ihrem Computer.

Und wenn Sie schon beim Ausmisten Ihres Computers sind, prüfen Sie auch Ihr E-Mail-Postfach. Werbemails und Spam können sofort gelöscht werden, ebenso wie Newsletter und Benachrichtigungen von sozialen Plattformen und Foren. Auch private Nachrichten können ja nach Aktualitätsgrad bedenkenlos eliminiert werden. Oder brauchen Sie die Silvestereinladung von vor 4 Jahren noch?

1.7.2 Digitale Fotografie – Segen und Fluch

Während man vor nicht allzu langer Zeit ein paar 36er Filme mit in den Urlaub nahm und sich genau überlegte, was man fotografiert und was nicht, so wird heutzutage oft wahllos drauf los geknipst. Die digitale Fotografie hat es möglich gemacht. Speicherkarten bieten Platz für Tausende von Fotos und sogar Videos. Viele benutzen noch nicht einmal mehr eine Kamera. Jedes Handy und Smartphone hat mittlerweile gute integrierte Kameras, so dass immer und überall Fotos geschossen werden können.

Wurden also früher zwei Filme vom Mallorca-Urlaub ins Fotolabor zum Entwickeln gebracht, so werden heute mal eben in 7 Tagen Ferien 1000 Bilder geschossen. Diese später noch einmal anzuschauen kann mitunter sehr nervig sein, da unscharfe, blöde, peinliche Bilder etc. oftmals einfach auf der Speicherkarte verweilen. Viele Menschen lassen digitale Bilder auch gar nicht mehr entwickeln.

Darum gilt:

Nach jedem Urlaub, Event, Feiertag, Geburtstag usw., wenn Sie die Bilder anschauen, werden unscharfe oder blöde Bilder umgehend gelöscht. Auch, wenn Sie das gleiche Motiv mehrere Male fotografiert haben, verschieben Sie es in den Papierkorb. Niemand braucht 5 Bilder vom gleichen Tannenbaum.

Wenn Sie die Fotos gerne entwickeln lassen oder mit in einer Art Diashow anderen zeigen möchten, vermeiden Sie Hunderte von Fotos, das wird schnell ermüdend und langweilig. Erstellen Sie stattdessen ein „Best of" mit den schönsten Bildern. So schauen auch Freunde und Familie gerne zu.

1.7.3 Soziale Netzwerke aufräumen

Mittlerweile gehören Computer, Handys und Smartphones längst zu unserem Alltag dazu. Es wird getwittert, über Whats App Nachrichten ausgetauscht und Facebook ist ständiger Begleiter gerade von vielen jungen und jung gebliebenen Menschen. Wir laden oft Unmengen von Daten und Fotos hoch, ohne groß darüber nachzudenken, posten, liken und haben 500 und mehr Freunde in unserer Freundesliste. Moment mal … 500? Das sind doch nicht wirklich alle Ihre Freunde, oder? Laden Sie diese alle zu Ihrer nächsten Geburtstagsparty ein? Natürlich nicht? Dann sind es auch keine wirklichen Freunde. Nur weil es ein Bekannter von XY ist oder Sie die Person einmal getroffen haben, muss Sie ja nicht gleich in Ihre Freundesliste wandern, oder? Ist Ihnen eigentlich auch klar, was solche flüchtigen Bekanntschaften durch soziale Netzwerke alles von Ihnen erfahren? Checken Sie mal Ihre Posts und sehen Sie, wie privat viele Dinge eigentlich sind. Das wollen Sie doch nicht wirklich mit jedem teilen, nicht wahr?

Sie haben verschiedene Möglichkeiten:

1. Gehen Sie mindestens einmal im Monat durch Ihre gesamte Freundesliste. Bei jedem „Wer ist das denn?" wird die betreffende Person gelöscht. Und zwar sofort … umgehend … ohne lange darüber nachzudenken.

Das Gleiche gilt, wenn …

… Sie eigentlich gar nicht wollen, dass eine Person Privates von Ihnen erfährt.

… Sie denjenigen schon lange nicht mehr gesehen haben (und womöglich auch gar nicht sehen wollen).

… Sie die Person im wahren Leben überhaupt nicht kennen (außer es ist ein Freund, den Sie für bestimmte Spieleapps auf Facebook benötigen).

… es sich um eine flüchtige Bekanntschaft handelt oder es der Freund eines Freundes ist.

Sie werden sehen, wie befreiend es sein kann, wenn nur noch die wirklich wichtigen Freunde, Kollegen und Familienmitglieder in der Liste sind. So müssen Sie auch nicht die langweiligen Kommentare von Leuten lesen, die Sie im realen Leben nie sehen, oder für die Sie sich einfach nicht interessieren. So wahren Sie außerdem den Überblick über aktuelle Geschehnisse und Ihre Privatsphäre.

2. Ändern Sie Ihre Privatsphäre-Einstellungen, wenn Sie dauernd Spieleanfragen oder Kommentare von „Freunden" bekommen, die Sie zwar nicht aus Ihrer Liste löschen wollen, die Sie aber auch nicht wirklich interessieren.

3. Posten Sie nicht jeden Mist und auch der Status muss nicht mit Dingen wie „gehe gleich zum Zahnarzt" zugemüllt werden. Das will doch niemand wirklich wissen. Weniger ist oft mehr.

Doch auch Beziehungen im realen Leben sollten entrümpelt werden. Umgeben Sie sich prinzipiell nur mit Personen, die Ihnen gut tun. Menschen, die Ihnen ein gutes Gefühl geben, die ehrlich sind und denen Sie vertrauen können. Eben Personen, die zu Ihnen halten, auch wenn es hart auf hart kommt. Dies sind die Menschen, die dauerhaft in Ihrem Leben sein werden, komme, was wolle.

Laden Sie niemanden zu einer Feier ein, nur weil der oder die Sie auch einmal eingeladen hat. Also aus Pflichtgefühl. Ebenso sollten Sie niemanden einladen, weil die betreffende Person Ihnen unter Umständen leid tut. Verabredet Sie sich auch nicht mit Kollegen, nur weil die Ihrer Karriere förderlich sein könnten, oder weil es dazugehört. Wenn Sie sich dort nicht wohlfühlen, oder sich gar langweilen, ist das pure Zeitverschwendung. Oder wollen Sie den Rest Ihres Lebens Leute einladen, die Sie nicht mögen oder auf deren Feiern gehen? Nein? Dann hören Sie JETZT damit auf. Sie könnten die Zeit so viel besser nutzen und Dinge tun, die Spaß und Sie glücklich machen.

1.8. Das Zuhause ganz leicht ordentlich halten

1.8.1 Die Küche

In der Küche wird gekocht, gegessen und gesellig getratscht. Kinder erledigen hier manchmal auch die Hausaufgaben, spielen, malen usw. Wir verbringen oft einen Großteil des Tages in der Küche. Doch schon allein durch Lebensmittel und Geschirr entsteht reichlich Unordnung, auch ohne dass wir mit der Freundin einen Kaffee dort trinken, evtl. einen Arbeitsplatz in einer Ecke untergebracht haben, oder Papierkram am Küchentisch erledigen. Sie werden sich morgens dort aufhalten, um zu frühstücken, gegebenenfalls bereiten Sie auch Mittagessen zu oder kochen abends nach der Arbeit. Zwei- bis dreimal hantieren Sie also mit Lebensmitteln, Töpfen, Tassen usw. Hygiene ist darum sehr wichtig, wollen wir unsere eigene Gesundheit nicht gefährden und keine sechsbeinigen kleinen Untermieter hier herumflitzen sehen.

Quicktipps Küche:

- Haben Sie einen Küchenschrank voll mit Gewürzen? In Streuern, Gläschen und Plastiktütchen? Verlieren Sie schnell den Überblick, was genau Sie da haben und kaufen darum oftmals doppelt? Einige Gewürze haben Sie nur für spezielle oder exotische Gerichte gekauft und sind nun in Vergessenheit geraten? Es wird Zeit Ordnung zu schaffen und mal ordentlich auszumisten. Verabschieden Sie sich von den vielen verschiedenen Gewürzbehältern und versuchen Sie es stattdessen mit einem Gewürzkarusell oder einer anderen einheitlichen Aufbewahrungsmöglichkeit. Dies sieht viel schicker aus und Sie schaffen Platz im Küchenschrank. Bereits vorhandene Gewürze lassen sich schnell umfüllen und ab sofort werden nur noch die umweltfreundlichen Nachfüllpacks gekauft.

- Damit Sie wissen, welche Gewürze vorrätig sind und wie lange sich diese halten, führen Sie eine schlichte Inventurliste. Dies ist ein einfacher Zettel, auf den Sie den Namen und das Mindesthaltbarkeitsdatum notieren.

- Wöchentliche Einkaufpläne für den Speiseplan verhindern Spontankäufe oder reduzieren diese zumindest. Ein netter Nebeneffekt: Sie wissen immer, was Sie gerade im Vorratsschrank haben und auch im Kühlschrank wird nichts verderben, wenn Sie sich an den Plan halten. Und noch etwas: Sie laufen nicht Gefahr etliche Konserven zu horten, oder jedes Mal Nudeln und Reis zu kaufen, weil Sie nicht wissen, was gerade vorrätig ist.

- Wenn Sie es bisher noch nicht getan haben, starten Sie es umgehend: Überprüfen Sie regelmäßig das Ablaufdatum von Konserven und Co. Diese haben zwar eine lange Lagerzeit, doch jede Haltbarkeit hat mal ein Ende. Auch auf leicht verderbliche Lebensmittel im Kühlschrank sollten Sie achten, besonders Wurstwaren und anderer Aufschnitt. Und vergessen Sie bitte auch die gefrorenen Lebensmittel im Tiefkühler nicht.

- Waschen Sie schmutziges Geschirr vom Frühstück am besten sofort ab. Dies dauert oft nur ein paar Minuten (je nach Anzahl Mitglieder im Haushalt) und Sie finden eine saubere Küche vor, wenn Sie abends von der Arbeit nach Hause kommen. Oder wollen Sie erst mal eingetrocknetes Geschirr spülen, bevor Sie Abendessen zubereiten können? Nein? Eben!
- Nennen Sie eine Spülmaschine Ihr Eigen, so wandern benutzte Teller umgehend da hinein und werden nicht im Waschbecken zwischengelagert.
- Stapeln Sie bei ausreichend Platz nicht Suppenteller auf normalen Tellern oder Untertassen auf Desserttellern. Dies sorgt für unnötiges hin und her räumen, ist nervig und auf Dauer nicht gut für das Geschirr.
- Wischen Sie nach dem Kochen kurz über den Herd. Solange die Flecken frisch sind, sind sie ruckzuck beseitigt.
- Egal, für was Sie den Esstisch benutzt haben, wischen Sie auch hier kurz feucht ab.
- Während Sie noch am Kochen sind, können Sie alles, was Sie zur Vorbereitung benötigt haben bereits abspülen. So können Sie die Wartezeit effektiv nutzen.

Mehr zum Thema Küche Aufräumen erfahren Sie in Kapitel 3: „Endlich Ordnung in der Küche".

1.8.2 Das Wohnzimmer

Viele lassen den Abend nach einem langen Arbeitstag im Wohnzimmer ausklingen. Gemütlich auf dem Sofa liegen, lesen, fernsehen oder über den Tag plaudern. Dabei wird auch gern ein Gläschen Wein getrunken, Chips gegessen oder einfach nur rumgelümmelt. Ist der Fernsehabend dann vorbei, gehen wir oft einfach ins Bett und lassen das Wohnzimmer im derzeitigen Zustand zurück. Am nächsten Morgen ärgern wir uns dann über die Unordnung, die dort herrscht. Viel schöner wäre es doch, in ein aufgeräumtes Wohnzimmer zu kommen, um den Tag frei und unbeschwert genießen zu können. Hier ein paar schnelle Tipps, die sich im Handumdrehen erledigen lassen und doch große Wirkungen erzielen.

Quicktipps Wohnzimmer:

- Fernbedienung nach dem TV-Abend an ihren Platz räumen. Das kann der Couchtisch sein oder einige legen sie auch gerne auf oder neben den Fernseher.
- Hat Ihr Sofa dekorative Kissen, so drapieren Sie diese vor dem Verlassen des Raumes. Ein kleiner Handgriff mit enormer Wirkung. Ihr Wohnzimmer wirkt gleich viel ordentlicher, wenn das Sofa akkurat aussieht.
- Benutzen Sie im Winter gerne Kuscheldecken auf der Couch, falten Sie Plaids und Co. nach Gebrauch ordentlich zusammen und deponieren Sie diese in einer Ecke der Sitzfläche oder über der Lehne.
- Falls Sie gerne im Wohnzimmer naschen, bringen

Sie Schüsseln und Gläser vor dem Zubettgehen in die Küche.

- Nutzen Sie Untersetzer, um hässliche Wasserränder von Gläsern zu vermeiden.
- Stellen Sie Ihre Fensterbank nicht mit Dekorationsstücken und Topfpflanzen zu. Dies wirkt automatisch chaotisch und unordentlich.
- Ähnliches gilt für Vitrinen. Weniger ist hier oftmals ebenfalls mehr. Ein vollgestopfter Glasschrank bringt Unruhe in den Raum, selbst wenn der gesamte Inhalt top gepflegt und sauber ist.

1.8.3 Das Badezimmer

Sammlungen von Parfümflaschen auf der Ablage wirken unordentlich, überladen, es ist schwieriger die Flächen zu reinigen und die teuren Parfüms werden schnell schlecht, da Sie ja doch meistens Ihren Lieblingsduft benutzen und im Büro nicht die schweren Noten tragen können. Schnuppern Sie darum an jedem Fläschchen und finden Sie heraus, welche Düfte noch angenehm sind und welche bereits zu alt. Werfen Sie diese weg. Stellen Sie anschließend 2-3 Düfte hin, die Sie tatsächlich regelmäßig benutzen und verstauen Sie die anderen in einer kleinen Box auf einem Regal. Im besten Falle sollten aber keine solchen Flakons übrig bleiben. Auch Kosmetikutensilien und Schminke wird schnell gehortet und unzählige Tiegel und Döschen bevölkern das Bad.

Basics im Bad:

- Regal, Körbchen oder Schrank mit frischen

Handtüchern
- Wäschekorb zum Sammeln von Schmutzwäsche
- Duschgel, Shampoo und Co griffbereit in der Dusche
- Zahnbürste und -pasta, sowie Seife am Waschbecken
- Im Waschbeckenunterschrank Putzmittel und Eimer
- Schminkutensilien in einem Kosmetikköfferchen oder einer unterteilten Schublade aufbewahren
- Damenhygieneartikel diskret in einer kleinen Box in Toilettennähe

Quicktipps fürs Bad:

- Benutzen Sie unbedingt einen kleinen Abfalleimer im Bad und leeren Sie ihn regelmäßig ein- bis zweimal die Woche.
- Entsorgen Sie Hygieneartikel, leere Tiegel und Behälter umgehend in den Eimer und lassen Sie nichts am Waschbecken oder in der Dusche liegen.
- Ein Behälter für Schmutzwäsche (ggf. mit praktischer Dreiteilung) macht sich ebenfalls gut im Badezimmer. Benutzte Hand- und Duschtücher können dort bis zur nächsten Waschladung aufbewahrt werden, und auch getragene Kleidung kann vorm Duschen dort hineinwandern. So landet erst gar nichts auf dem Boden.
- ein kleines Gästehandtuch in der Nähe des Waschbeckens aufbewahren. So können Sie nach der Morgentoilette kurz durchs Becken und über den

Hahn wischen und lästige Wasserflecken bekommen erst gar keine Chance.

- ein Abzieher für die Dusche verhindert auch hier unschöne Flecken, wenn Sie regelmäßig nach dem Brausen die Fliesen und die Duschkabine damit von Wasser befreien.
- Lüften Sie nach jedem Bad und jeder Dusche kräftig durch. So vermeiden Sie gesundheitsgefährdenden Schimmel.

1.8.4 Das Schlafzimmer

Halten Sie die Einrichtung im Schlafzimmer simpel und in ruhigen, entspannenden Farben. Gerade hier sollte es kein Chaos und keine Unordnung geben, denn dieser Raum dient allein der Erholung und des Schlafes. Alles war den Raum unruhig wirken lässt, sollte darum entfernt werden.

Quicktipps fürs Schlafzimmer

1. Wäsche wandert direkt in den Wäschekorb im Bad oder im Schlafzimmer. Widerstehen Sie der Versuchung sie nach dem Ausziehen auf den Boden zu werfen oder woanders abzulegen.
2. Machen Sie jeden Morgen als Erstes das Bett. Ihr Schlafplatz ist nämlich der Mittelpunkt dieses Raumes und ist der schön und in Ordnung gebracht, ist das die halbe Miete. Nun können Sie diesen Platz auch gleich für andere Dinge nutzen, wie beispielsweise Wäsche darauf falten.
3. Auf und in den Nachttisch gehört nur das Nötigste. Obendrauf sollte zum Beispiel Ihr Wecker stehen,

eine kleine Nachttischlampe, das Buch, welches Sie gerade lesen und Ihre Lesebrille. Das genügt. Falls der kleine Beistelltisch eine Schublade hat, werfen Sie nicht alles achtlos hinein, sondern deponieren Sie dort ebenfalls nur das Wichtigste. Handcreme, Taschentücher, die Antibabypille oder Kondome, Schlafmaske etc.

4. Kleidung, die Sie noch einmal tragen wollen, hängen und legen Sie ordentlich gefaltet über einen dafür vorgesehenen Stuhl oder besorgen Sie sich einen stummen Diener.

1.8.5 Das Kinderzimmer

Ein Kinderzimmer muss nicht immer picobello aufgeräumt sein. Hier darf ruhig gespielt werden, getobt sowieso und kreativ sein ist auch erlaubt. Da kann es schon passieren, dass mal etwas herumliegt, Flecken auf dem Tisch sind und das Bett ungemacht. Was soll's? Stressen Sie sich nicht allzu sehr und räumen Sie nicht rigoros hinter Ihren Kindern her. Das soll jetzt nicht heißen, dass Ihre Sprösslinge im Chaos versinken dürfen und man keinen Fuß mehr ins Kinderzimmer setzen kann.

Es gibt schöne und praktische Regalsysteme und Stauraum für Spielzeug und Co. Es muss nicht Stofftier neben Stofftier auf dem Regalbrett sitzen. Eine bunte Kiste tut es auch. Dort können die Kinder alle Teddys hineinwerfen. In eine andere Kiste kommen Brettspiele, Stifte werden in Behältern auf dem Schreibtisch aufbewahrt, Papier und Blöcke kommen in eine Schublade, der Schulranzen hat seinen festen Platz neben dem Tisch usw. Es geht hier nicht darum akkurat zu sein, sondern den Kindern zu vermitteln, dass alles seinen angestammten Platz hat und dorthin auch wieder geräumt wird. Ob Hefte und Papier nun in der Schublade wild durcheinander liegen, ist genauso wie die zusammen gewürfelten Stofftiere in der Kiste Nebensache.

1.8.6 Der Arbeitsbereich

Um entspannt und produktiv arbeiten zu können, benötigen wir eine ordentliche und freie Arbeitsfläche. Setzen wir uns hingegen an einen überladenen und unaufgeräumten Tisch, so vergeht von vorneherein die Lust. Arbeiten artet in Frust aus, wenn wir uns durch einen Stapel loser Blätter wuseln oder Büroutensilien erst lange suchen müssen.

Dabei ist es so einfach, Ordnung zu halten. Im Schreibwarenladen und anderen Geschäften finden sich allerlei kleine Helfer für den Arbeitsalltag und für einen überschaubaren Schreibtisch. Stifteboxen, Briefhalter und Ablagen sind nur der Anfang. Wie wäre es mit einem Ordnungsvogel? Dieser kleine Helfer sieht hübsch aus und ist magnetisch. Lose herumliegende Büroklammern werden mit ihm im Nu aufgesammelt und es macht auch noch Spaß. Oder verabschieden Sie sich von Ihren langweiligen Ordnern und bekleben Sie deren Rücken mit lustigen und kreativen Aufklebern. Solche Ordnerrückensets gibt es selbstklebend als Strandpanorama, mit lustigen Sprüchen, als Gemälde usw. Besonders effektiv in Szene gesetzt, wenn Sie mehrere Ordner nebeneinander bekleben. So zaubern Sie ein bisschen Flair auf den langweiligen

Schreibtisch. Und gegen Kabelsalat helfen spezielle Aufroller, Clips und Kabelboxen.

Wenn der Platz auf dem Tisch sehr begrenzt ist, hilft auch ein Wand-Utensilo. Ähnlich einer Pinnwand ist der Utensilo aber mit kleinen Körben und Fächern ausgestattet. Dort können Sie Stifte, Kleber, Notizblöcke und Co. übersichtlich aufbewahren und haben alles schnell griffbereit. Ob Sie einen Utensilo kaufen oder selber basteln ist Ihnen überlassen. Fakt ist, mit einer Spanplatte, einigen Körbchen, Stoffbeuteln oder Plastikboxen lässt sich sehr einfach und preisgünstig selbst ein Utensilo herstellen. Im Internet finden Sie zahlreiche Anregungen dazu.

Büroutensilien können bei kleinen Arbeitsplätzen auch in kleinen Kartonschubern aufbewahrt werden oder in einem Rollcontainer unter dem Schreibtisch. So bleibt die Arbeitsfläche frei und dennoch ist alles leicht zugänglich und griffbereit.

Problemfall Ablage:

Im Büro hui, zu Hause pfui? Quillt Ihre Ablage über oder sind Dokumente, Rechnungen und Papiere überall im Haus verteilt?

Sammeln Sie alles ein und legen es an einem Ort ab. Dies darf zunächst Ihr Schreibtisch sein, oder dessen Ablage. Vor Ihnen liegt nun ein beachtlicher Papierstapel, der schon bedrohlich wackelt? Keine Sorge. Mit dem Zusammentragen aller Unterlagen haben Sie schon einen großen Schritt in die richtige Richtung getan. Nun geht es ans Sortieren und vor allem auch Ausmisten.

Unterteilen Sie die Papiere in Kategorien wie: Bankkonto, Job, Rechnungen, Garantien, Versicherungen, Quittungen, persönliche Dokumente, Tierarzt, Auto usw. Während Sie die Blätter den einzelnen Stapeln zuordnen, können Sie auch kräftig aussortieren. Ist dies erledigt, wandern die einzelnen Stapel in dafür vorgesehene und beschriftete Ordner, Hängemappen oder Ähnliches. Dabei sollte das neueste Dokument immer obenauf liegen. So müssen Sie nicht ganze Ordner wälzen, um zum aktuellsten Schriftstück zu gelangen. Sind erledigte Sachen oder Dokumente weggeheftet, schrumpft auch die Ablage. Darum sollten Sie Briefe und Schreiben immer gleich öffnen, erledigen und anschließend wegsortieren. Sie können auch beispielsweise einen festen Tag in der Woche festlegen, um Rechnungen zu begleichen oder sich um die Post zu kümmern. Versehen Sie erledigte Schreiben mit einem Häkchen oder Datumsstempel.

1.8. 7 Keller, Dachboden und Garage

Besonders beliebt, um unnütze Dinge zu verstecken, weil normalerweise niemand diese Räumlichkeiten betritt, sind der Keller, Dachboden und Garage. In kleineren Wohnungen auch die Besenkammer. Gerade dort herrscht darum gerne das blanke Chaos. Ist ja auch einfach zu praktisch. Türe oder Klappe zu und niemand sieht es. Auch Sie (vorerst) nicht.

Aber nun mal Hand aufs Herz? Wie oft schauen Sie eigentlich in die Kartons, die dort unten in der Dunkelheit Ihres Kellers lauern? Pardon, Madame Missou meint natürlich lagern. Einmal im Jahr? Es handelt es sich dabei nicht rein zufällig um den Karton mit der Aufschrift „Weihnachtsdekoration, oder? Wenn dem so ist, zählt dieser nicht. Die Rede ist von all den anderen Boxen, Kartons und Kisten mit einer dicken Staubschicht drauf. Wissen Sie eigentlich noch, was darin ist? Nein?

Dann haben Sie zwei Möglichkeiten:

1. Hineinsehen

2. Wegwerfen

Sie haben gerade erschrocken die Augen aufgerissen, bei Punkt 2? Zugegeben diese Methode ist radikal, aber wenn Sie schon nicht mehr wissen, was eigentlich in der Kiste ist, dann haben Sie es offensichtlich eine sehr lange Zeit auch nicht vermisst. Und was Ihnen in keinster Weise gefehlt hat, ist der Logik nach auch nicht wichtig. Der ansonsten hätten Sie es gesucht und benutzt oder es wäre erst gar nicht im Keller/auf den Dachboden/in der Abstellkammer gelandet.

Ist Ihnen dies zu heikel, weil ja doch die winzige Möglichkeit besteht, dass sich etwas von Bedeutung in einem der Kartons befindet, so ist die Methode der Wahl „Hineinsehen". Ist Ihr erster Gedanke beim Öffnen jedoch „Was für ein Schrott", „Das hab ich immer noch?!" oder „Was soll ich denn noch damit?", dann wird der Karton umgehend wieder verschlossen und Sie gehen über zu Punkt 2.

Oder – und dies ist leider wahrscheinlicher – Sie nehmen

alles aus der Kiste raus, inspizieren es und sortieren es in verschiedene Kategorien:

Behalten, Wegwerfen (Ja, ja, ja!!! Nur Mut, tun Sie es!), Verkaufen/Verschenken/Spenden. Doch denken Sie daran: Alles, was nicht nach spätestens einem Monat einen neuen Besitzer hat, wandert ebenfalls auf den Müll.

Was Sie jedoch wirklich behalten wollen, wird wieder ordentlich verpackt, am besten zusammen mit vergleichbaren Dingen und der Karton wird anschließend sauber beschriftet. Am besten mit einer kleinen Liste oben drauf, was alles drin ist. So können Sie (für den unwahrscheinlichen Fall, dass Sie davon je wieder etwas brauchen werden) ohne langes Suchen fündig werden. Schön ist natürlich auch, wenn die Boxen nicht wahllos im Raum stehen, sondern auf einfachen Regalen, beispielsweise aus dem Baumarkt. Das schützt den Karton vor Feuchtigkeit und sieht einfach besser aus.

Viele weitere, wertvolle Tipps zum Thema Aufräumen Zuhause finden Sie auch in Kapitel 2 „Endlich Ordnung im Haushalt".

1.9. Schlusswort – Werfen Sie Ihre Sorgen über Bord!

Wenn Sie erst einmal angefangen haben zu entrümpeln, dann wird es immer leichter, sich nach und nach von alten und oftmals nutzlosen Gegenständen zu trennen. Besonders, wenn Sie sich immer wieder die „W"-Fragen vor Augen führen. Vieles, was wir besitzen wirkt wie ein Anker, der uns in der Vergangenheit verwurzelt hält. Wir kommen nicht voran im Leben, weil wir unser Zuhause und uns selbst vollstopfen mit Unrat und Gerümpel. Wir trennen uns aus nostalgischen Gründen nicht von Dingen oder aus Schuldgefühlen. Wir klammern uns an längst vergessene Zeiten, anstatt frohen Mutes in die Zukunft zu blicken. Halten Sie die Vergangenheit in Ehren, aber leben Sie nicht in ihr. Es gibt so viel Neues und Schönes zu entdecken, warum also Zeit verschwenden?

Wollen Sie wirklich die Mode von vor zig Jahren aufbewahren, weil es ja mal wieder „in" sein könnte, oder wollen Sie lieber aktuelle Mode tragen und mehr Platz für diese haben?

Trennen Sie sich von vermeintlich wichtigen oder nützlichen alten Sachen. Vertrauen Sie Madame Missou, Sie werden sie nicht vermissen. Atmen Sie, leben Sie! In einer ordentlichen Wohnung wohnt ein ordentlicher Geist. Und befreien Sie sich auch von Beziehungen, die Ihnen nicht gut tun. Seien Sie kein Schleimer und superfreundlich, wenn Sie jemanden nicht ausstehen können, und treffen Sie sich nicht mit Menschen, die Sie runterziehen. Entrümpeln Sie einfach alle Bereiche Ihres Lebens.

Solch eine Verwandlung geschieht sicherlich nicht über Nacht, aber es lohnt sich, am Ball zu bleiben und sukzessive und Schritt-für-Schritt daran zu arbeiten.

Madame Missou hofft, dass Sie einige wertvolle Tipps aus diesem Ratgeber ziehen konnten und er Ihre Motivation angeregt hat. Nun machen Sie sich direkt einen Aufräumtermin im Kalender und vergessen Sie auch die Fünfer-Regel nicht. Schon mit wenigen Handgriffen am Tag erzielen Sie Resultate. Wichtig ist nur, sie regelmäßig zu machen.

2. Endlich Ordnung im Haushalt

2.1 Einleitung

Das bisschen Haushalt macht sich von allein? Leider nein! Aber während wir darauf warten, dass Staub von sich aus unsere Wohnung verlässt und die Wäsche alleine in die Maschine spaziert, sind es höchstens die verdreckten Töpfe und das eingetrocknete Geschirr und Besteck, die plötzlich Beine bekommen und anfangen zu laufen. Denn je länger wir mit dem Putzen warten, desto schlimmer wird die Situation und irgendwann ist es gar so schlimm, dass man vor der schier unlösbaren Frage steht, wo man überhaupt am besten anfängt zu putzen, damit es nicht völlig unhygienisch und chaotisch wird.

Okay, bei Ihnen ist es nicht so drastisch und der Deckel des Mülleimers steht noch nicht sperrangelweit offen und der Schimmel grinst Sie daraus verschmitzt an? Gut. Dann ist ja noch nicht Hopfen und Malz verloren. Trotzdem herrscht bei Ihnen zu Hause der Schlendrian und Motivation zu putzen ist eben auch nur latent vorhanden. Die Weberknechte in den Ecken fühlen sich bereits bei Ihnen heimisch und Sie geben den kleinen Besuchern schon Namen? Es existiert eine ganze Wollmauskolonie unter Ihrem Sofa? Und irgendwie ist jeden Tag schlechtes Wetter und der Himmel ist stets grau in grau, dabei sollten Sie einfach mal wieder Fenster putzen? Kochen, Spülen, Putzen und Staubwischen sind Ihnen ein Graus? Wäsche waschen und vor allem Bügeln ebenso?

Hausarbeiten sind lästige Pflicht und müssen demnach eben

erledigt werden. Dass Pflichten nicht immer angenehm sind, weiß wohl jeder. Es gibt jedoch Möglichkeiten, ein wenig Schwung in die Sache zu bringen und den Alltag gekonnt zu strukturieren.

Dann macht sich der Haushalt so gut wie allein? Leider immer noch nicht. Auch wenn, wie in dem bekannten Lied, die Männerwelt dies vielleicht denkt und oft nicht nachvollziehen kann, wieso wir Frauen da ein wenig Unterstützung gebrauchen können. Denn häufig findet sich immer noch die klassische Rollenverteilung zu Hause: Der Mann geht arbeiten und die Frau sorgt für ein gemütliches und ordentliches Heim. Madame Missou kennt viele Frauen, denen dies auch nichts ausmacht und die gerne den Haushalt schmeißen. Hausfrauen eben und glückliche noch dazu.

Geht die Dame des Hauses ebenfalls Vollzeit arbeiten, erwarten die Männer trotzdem häufig, dass ihre Partnerin abends noch die Putzfrau und Köchin für sie spielt. Dass wir häufig kaputt und ebenfalls müde von der Arbeit sind, wird gekonnt übersehen. Und wir hätten sicherlich auch keine Probleme damit uns an den Herd zu stellen, wenn unser Mr. Propper in der Zwischenzeit den Mob schwingt oder die Bude staubsaugt. Allerdings gelten diese Tätigkeiten eben oft als Pflichten der Frau.

Eine helfende Hand ist also nicht da? Bedanken Sie sich bei seiner Mutter. Häufig mussten Jungs eben nicht wirklich im Haushalt mit anpacken, als sie noch bei den Eltern wohnten. Sie erledigen höchsten Aufgaben wie den Müll rausbringen oder Rasenmähen. Wohingegen Mädchen oft Abwaschen, Bügeln, Wäsche aufhängen und so weiter.

Es gibt allerdings auch die Übermütter, die lieber alles alleine erledigen (damit es richtig gemacht wird?) und deren Kinder überhaupt nichts tun müssen. Später wundern sich diese Mütter dann, dass ihre Sprösslinge keine Ordnung halten können. Aha, Sie haben sich gerade schuldbewusst auf die Lippe gebissen? Zu welcher Sorte gehören Sie? Allzu vorsorgliche Mutter oder passen Sie in die Fraktion „Ich weiß nicht, wie man Ordnung hält"? Madame Missou kann es sich denken.

Nun ja, zum Trost sei gesagt, dass die meisten männlichen Exemplare „Hotel Mama" oder eine putzwütige Frau an ihrer Seite zu schätzen lernen, wenn sie einige Zeit als Junggeselle gelebt haben und langsam aber sicher im Chaos versinken. Wenn sie denn ihre Junggesellenbude überhaupt als chaotisch empfinden. Denn Unordnung ist nicht gleich Unordnung.

Auch wir Frauen sind da ja sehr unterschiedlich. Die einen regt es bereits auf, wenn die Fransen des Perserteppichs nicht alle fein säuberlich gebürstet sind und in die gleiche Richtung zeigen, andere wiederum machen sich erst Sorgen um die Ordnung in ihrer Wohnung, wenn sie kein Besteck und keinen reinen Teller mehr finden.

Da Sie dieses kleine Buch in Händen halten, gehe ich davon aus, dass Sie wohl eher zu den Vertretern letzterer Art gehören und sich ein wenig mehr Ordnung und Sauberkeit in Ihrem Zuhause wünschen. Vielleicht haben

Sie aber auch gar keine Probleme mit Aufräumen, finden es jedoch ist immer so dröge und mühsam und Sie wünschen sich ein bisschen mehr Pep und Spaß bei den alltäglichen Aufgaben. Auch da hat Madame Missou einige Tipps für Sie parat.

Doch seien Sie gewarnt: Ganz ohne Anstrengung geht die Hausarbeit leider nicht von der Hand und vieles ist nun einmal lästige Pflicht. Aber es gibt eben kleine Tricks und Kniffe, wie Sie die Arbeit im Haushalt ein wenig angenehmer und flotter gestalten können. Wie das geht, zeigen Ihnen die folgenden Kapitel und Ratschläge

2.2 Wie Sie Ihre Wohnung putzfreundlicher gestalten

Sie können bereits bei der Einrichtung und Gestaltung Ihrer Wohnung einiges beachten, damit Putzen nicht zum Stimmungskiller wird, sondern schneller und leichter von der Hand geht. Ebenso können Sie besondere Motivationskicks versuchen, indem Sie häufiger mal was Neues ausprobieren oder sich etwas Schönes für die Wohnung gönnen.

2.2.1 Die Wahl der richtigen Wohnung

Planen Sie demnächst um- oder auszuziehen? Dann können Sie bei der Auswahl des neuen Heims tatsächlich auf einiges achten, damit das Sauberhalten leichter fällt.

Vermeiden Sie beispielsweise Wohnungen mit schwer zu erreichenden Fenstern oder großen Glasflächen. Fensterputzen gehört nämlich zu den am wenigsten geliebten Hausarbeiten schlechthin und wird häufig nur wenige Male im Jahr in Angriff genommen (wenn überhaupt). Und wer sich schon bei normalen Fenstern schwer tut, kann an unüberwindbarer Unlust scheitern, wenn er/sie vor der Aufgabe steht, einen kompletten Wintergarten zu säubern. Aber solche hübschen verglasten Gärten versprühen eben nur ihren einzigartigen Charme, wenn sie gepflegt sind und nicht vor Moos und Grünspan strotzen.

Auch Fenster, die nur gesäubert werden können, wenn Sie eine Leiter herbeischaffen oder mit Teleskopstangen und

Ähnlichem hantieren müssen, sind für Putzmuffel weniger geeignet. Also lieber Finger weg von solchen Wohnungen.

Achten Sie auch auf leicht zu reinigende Fußböden, wie zum Beispiel Fliesen. Hier können Sie bedenkenlos fegen, staubsaugen und wischen. Laminat ist ebenfalls gut geeignet, hier sollten Sie jedoch speziellen Bodenreiniger verwenden, um unliebsame Streifen nach dem Putzen zu vermeiden. Vorsicht hingegen bei Parkettboden. Wenn Sie zu nass wischen, kann er quellen. Ebenfalls schwerer zu pflegen ist Teppichboden. Es sammelt sich viel Staub in den Fasern, und Flecken sind oft nur schwer zu entfernen. Wenn Sie also gerne mal im Wohnzimmer vor dem Fernseher essen oder ein Gläschen Wein dort trinken, sollte der Raum nicht unbedingt mit Teppich ausgelegt sein.

Wäschewaschen gehört ebenfalls nicht gerade zu Ihren favorisierten Haushaltstätigkeiten? Falls es in Ihrem neuen Heim nur einen Wasch- und Trockenkeller gibt, kann dies die Motivation ebenfalls in den Keller sinken lassen. Besser ist da eine Möglichkeit in der Wohnung selbst zu waschen. Feste Plätze für Maschine und Trockner in Küche oder Bad sind hier wünschenswert. So verkürzen sich die Arbeitswege und Sie schaffen es sicherlich eher Ihre Wäsche bis ins Bad zu befördern, als zig Stockwerke hinunter bis in den Keller.

Finger weg auch von Altbauwohnungen oder Dachwohnungen mit hohen und schwer zu erreichenden Decken. Es sei denn, Sie mögen Weberknechte und andere Spinnen als Haustiere. Staub und lästige Spinnweben aus

Ecken zu entfernen kann auch hier nur mit einigem Aufwand betrieben werden. Und wenn dies schon in normalen Wohnungen Überwindung kostet, dann lassen Sie es in solchen Wohnungen garantiert gleich ganz sein.

2.2.2 Weniger ist manchmal mehr

Nein, damit ist leider nicht weniger Putzen gemeint.

Einige Dekorationsstücke und persönliche Erinnerungen sind schön und dürfen natürlich in keinem Haushalt fehlen. Sie sind das, was eine simple Wohnung zu einem Zuhause macht, versprühen Flair und sind ein Spiegel der eigenen Persönlichkeit. Aber zu viel des Guten wirkt leider schnell chaotisch.

Vermeiden Sie darum unbedingt unnötigen Kitsch und Krimskrams überall im Haus. Das lässt sogar ein aufgeräumtes Zimmer schnell überladen erscheinen und dies wiederum wirkt unordentlich. Je puristischer die Gestaltung und Einrichtung ist und je weniger Schnickschnack rumsteht, umso ordentlicher wirkt demnach der Raum und umso leichter ist auch Ordnung zu halten.

Vertrauen sie Madame Missou: Staubwischen und Co. ist viel schneller erledigt, wenn nicht zuvor eine ganze Armada kleiner Dekofiguren von den Regalen entfernt werden muss oder allzu viele Vasen und Blumentöpfe auf der Fensterbank rumstehen. Setzten Sie bewusst und sparsam Akzente in den einzelnen Räumen und verzichten Sie auf überflüssige Staubfänger. Wenn Sie auf heiß geliebte Mitbringsel aus Urlaub und Co. aber nicht verzichten möchten, empfiehlt sich die Anschaffung einer schmucken Vitrine. Andere Orte in der Wohnung sind dann aber für kleine Dekoelemente tabu.

2.2.3 Probieren Sie mal etwas Neues

Wenn das Tohuwabohu zu Hause überhandnimmt, dann probieren Sie einmal Folgendes, um sich zu motivieren:

Vertreiben Sie die Langeweile und Gewohnheit in Ihrer Wohnung, indem Sie Möbel neu arrangieren und ein völlig neues Raumgefühl schaffen. Dazu müssen Sie selbstverständlich nicht gleich alles umorganisieren. Ein einzelnes Möbelstück wie beispielsweise das Sofa tut es auch. Sie glauben gar nicht, wie anders das Zimmer anschließend wirkt. Damit es hinterher schön und gemütlich aussieht, muss natürlich erst mal aufgeräumt werden.

Wenn Sie zum Beispiel ein Bücherregal umstellen, nehmen Sie alle Schmöker heraus, stauben Sie diese ab und wischen auch gleich die Regalfächer aus. Anschließend wird alles wieder fein eingeräumt und vielleicht sortieren Sie bei dieser Gelegenheit auch gleich die Bücher neu und nach System ein. Vergessen Sie auch die kleinen Deko-Biester nicht, die mit auf den Regalbrettern hocken und misten Sie hier großzügig aus. Ein paar Vertreter dürfen natürlich wieder als Schmuckstücke zu den Büchern zurück. Und falls Sie sich für die Couch entscheiden, seien Sie nicht allzu geschockt, was darunter möglicherweise alles zum Vorschein kommt. Oft ist der Fußboden unter dem Sofa das

Mutterschiff der Wollmäuse und auch Münzen, Haargummis, alte Kartoffelchips und anderes wollen schon gefunden worden sein.

Ist die Arbeit endlich erledigt, werden Sie mit einem völlig neuen Look belohnt. Erfreuen Sie sich am neuen Zimmer und genießen Sie die Ordnung. Und hoffentlich motiviert Sie das neue Raumgefühl, dort wenigstens eine Weile weiterhin alles sauber zu halten.

Wenn Ihnen eine Umgestaltung des Mobiliars zu aufwendig ist, dann kaufen Sie etwas Schönes für die Wohnung. Hübsche Kissen für das Sofa beispielsweise, neue Vorhänge, ein Tischläufer, ein neuer Nachttisch oder Ähnliches. Dann setzten Sie das neue Schmuckstück in einem aufgeräumten Zimmer gekonnt in Szene. Falls Sie sich für die Vorhänge entscheiden, wäre dies auch ein guter Zeitpunkt die Fenster mal wieder zu putzen.

2.2.4 Das Genie beherrscht das Chaos

Menschen die Ordnung halten sind einfach nur zu faul zum Suchen? Schluss mit solchen Ausflüchten und ran an die Arbeit. Eine aufgeräumte Wohnung wirkt gleich viel wohnlicher, gemütlicher und Sie finden tatsächlich alles viel schneller. Netter Nebeneffekt: Sie werden sich auch um einiges wohler in den eigenen vier Wänden fühlen, wenn nicht das Chaos um Sie herum regiert. Seien Sie die Königin in ihrem Schloss.

Damit Sie aber nicht gleich nach getaner Arbeit wieder anfangen alles schleifen zu lassen und in alte

Verhaltensmuster zurückfallen, gönnen Sie sich eine Chaos-Ecke. Wenn es mal schnell gehen muss oder Sie sich wirklich nicht motivieren können, verstauen Sie umherliegende Sachen und Kleinkram an diesem Platz. Wie dieser ausschaut, bleibt Ihnen überlassen. Eine Schublade in Ihrem Schreibtisch beispielsweise oder ein Karton unter dem Bett. Wichtig ist nur, dass dieser Chaos-Bereich nicht aus allen Nähten platzt, sondern von Zeit zu Zeit aussortiert und geordnet wird.

2.3. Timing ist alles

Eine strukturierte Planung und regelmäßiges Aufräumen kann vieles vereinfachen. Folgen wir beispielsweise einem festgelegten Putzplan, so wird nichts vergessen, die anfallenden Aufgaben werden regelmäßig erledigt und es gibt ein Gefühl der Befriedigung, wenn wir hinter jede mühsam erledigte Hausarbeit ein Häkchen setzten können. Ohne Zeitplan hingegen wird vieles übersehen, nur unzureichend oft erledigt oder immer wieder aufgeschoben. Es gibt aber auch kleine Tricks, mit denen Sie jeden Tag nur wenige Minuten in die Hausarbeit investieren, aber die für eine gewisse Grundordnung sorgen.

2.3.1 Ein Tag für alles?

Sie haben einen festen Putztag die Woche? Vielleicht sogar am Wochenende? Sie fangen Samstagvormittag an, hecheln sich durch den halben Tag und hören irgendwann völlig erschöpft auf, weil das Pensum einfach zu groß ist? Wäsche und Geschirr haben sich zu Bergen angesammelt, die Wollmäuse kullern munter durch die Wohnung, das Bad strotzt nur so vor Kalk und Wasserflecken?

Ändern Sie Ihr Putzverhalten und erledigen Sie lieber jeden Tag etwas. Das Wochenende ist viel zu schön, um es mit Saubermachen zu verschwenden. Reservieren sie diese Tage lieber für angenehmere Tätigkeiten, wie ein Treffen mit Freunden, Faulenzen und Spaß haben oder für die Familie.

Getreu dem Sprichwort „Kleinvieh macht auch Mist"

sollten Sie jeden Tag ein paar Minuten investieren, um der Lotterwirtschaft den Kampf anzusagen.

Wie Sie mit wenig Zeitaufwand Ordnung halten können und die Hausarbeit ein wenig leichter gestalten, zeigen Ihnen folgende Beispiele:

- Wenn Sie nach einem gemütlichen Abend im Wohnzimmer den Fernseher ausschalten, verlassen Sie nicht sofort den Raum, sondern ordnen Sie noch ein bisschen das entstandene Durcheinander. Falten Sie die kuschelige Sofadecke zusammen, legen Sie die Fernbedienung an ihren Platz, rücken Sie die Sofakissen zurecht und bringen Sie Tassen, Schüsseln oder die offenen Erdnussflips-Tüte noch schnell in die Küche. Das alles dauert nur knapp zwei oder drei Minuten, aber wenn Sie am nächsten Tag ins Wohnzimmer kommen, ist es wenigstens halbwegs ordentlich und wirkt gleich viel einladender.

- Gehen Sie vor dem Zubettgehen eine letzte Runde durch die Wohnung und ordnen Sie grob das Tohuwabohu des Tages. Werfen Sie beispielsweise umherliegende Kleidung in den dafür vorgesehenen Wäschesack. Dreckiges Geschirr und Ähnliches sollten vom Küchentisch verschwinden und besser in die Spüle geräumt werden oder besser noch: in die Spülmaschine. Auch der Schreibtisch wird einem kurzen Check unterworfen und Kleinteile wandern in die Schubladen oder dafür bereitgestellte Aufbewahrungsbehälter.

- Wie Sie im Wohnzimmer vorgehen, wurde bereits im vorausgegangenen Punkt beschrieben. Eine kleine Ergänzung hat Madame Missou jedoch noch: Gehören Sie zur Fraktion, die lieber alles auf einmal trägt und dabei riskiert alles fallen zu lassen, anstatt mehrmals hin und her zu laufen? Vermeiden Sie mehrfache Gänge von der Stube in die Küche, indem Sie einfach ein Tablett nehmen. Dies ist eine simple und elegante Lösung und so laufen Sie nicht Gefahr versehentlich einen Scherbenhaufen zu produzieren, den Sie dann lästigerweise auch noch beseitigen müssen.

- Während das Essen auf dem Herd kocht, waschen Sie Utensilien, die Sie zur Vorbereitung der Mahlzeit genutzt haben ab oder räumen Sie diese in die Spülmaschine ein. Sie müssen ja eh warten, also können Sie die Zeit auch effektiver nutzen, anstatt nur neben dem Herd zu stehen. Nach dem Essen haben Sie so weniger Arbeit mit dem Abwasch.

Kleine aber effektive Tipps fürs Badezimmer:

1. Kaufen Sie sich einen kleinen Abzieher für die Duschkabine. Sie können ihn oftmals zusammen mit einer Halterung kaufen, die direkt in der Nasszelle angebracht werden kann. Somit ist der Abzieher mit Gummilippe immer griffbereit. Nach dem Duschen dauert es nicht mal eine Minute, die Kabine und die Fliesen damit abzuziehen. Lästigen und unschönen Kalkflecken wird somit vorgebeugt. Vergessen sie aggressive Putzmittel und langes Scheuern. In

Zukunft müssen Sie nicht mehr so viel Zeit und Mühe in die Reinigung investieren.

2. Legen Sie ein kleines Gäste- oder Küchenhandtuch im Bad bereit. Nach dem Zähneputzen und wann immer Sie das Waschbecken benutzt haben, wischen Sie die Armaturen und das Becken kurz trocken. Kalk und Schmutz haben so erst gar keine Chance sich festzusetzen, Sie haben stets ein sauberes Waschbecken und das Abwischen dauert nur wenige Sekunden.

3. Die Toilettenreinigung ist sehr unschön und wird oft nur widerwillig erledigt. Für mehr Sauberkeit im WC gibt es jedoch spezielle Reinigungstaps, die einfach in den Spülkasten gegeben werden. Bei jedem Spülvorgang wird Reinigungsflüssigkeit mit dem Wasser freigesetzt und erreicht auch schwer erreichbare Stellen in der Schüssel, wie beispielsweise unter dem Rand. So wird das WC für 2-3 Wochen gepflegt und die Tabs verströmen auch noch einen angenehmen Geruch.

2.3.2 Erstellen Sie einen Masterplan

Überlegen Sie welche Arbeiten im Haushalt anfallen und wie oft diese erledigt werden müssen. Sie können dabei einen Monatsplan entwerfen für seltene Tätigkeiten oder einen Wochenplan für alles, was regelmäßig anfällt. Die monatlichen Aufgaben können Sie in einem normalen Kalender notieren, den Sie zum Beispiel in der Küche aufhängen. Dort haben Sie auch die Möglichkeit Termine, Geburtstage und dergleichen ebenfalls einzutragen. Ein

Blick am Morgen genügt, um zu wissen, ob etwas Besonderes ansteht.

Für den Wochenplan können Sie eine Tabelle anfertigen, ob am PC oder handgeschrieben ist egal. Madame Missou bevorzugt eine kleine Bistro-Tafel in der Küche. Hier können weitere Aufgaben schnell hinzugefügt und Notizen für den nächsten Einkauf gemacht werden. Außerdem ist so eine schöne Wandtafel ein hübsches Deko-Element. Wenn niemand Ihren Putzplan sehen soll, können Sie ihn auch im Abstellraum aufhängen oder an der Innenseite eines Schranks.

Tägliche Aufgaben wie Betten machen, Kochen oder Abwaschen müssen nicht unbedingt auf die Liste. Diese sollten eigentlich selbstverständlich sein. Doch für alles andere gibt es ab jetzt feste Tage. Planen Sie beispielsweise zwei Waschtage pro Woche ein. Beispielsweise Montag und Freitag. Da Waschen und Bügeln viel Zeit in Anspruch nimmt, sollen Sie ansonsten nur kleine Aufgaben für diese Wochentage festlegen, wie zum Beispiel das Staubsaugen. Einen anderen Tag reservieren Sie für Einkäufe und andere Erledigungen außer Haus. Zwei- bis dreimal die Woche die Wohnung feucht durchzuwischen ist auch nicht verkehrt und mindestens einmal sollten Sie den Staubwedel schwingen.

Madame Missou gibt Ihnen nun eine kleine Übersicht über die täglichen, wöchentlichen und monatlich anfallenden Tätigkeiten. Einiges möchten Sie vielleicht lieber häufiger erledigen, anderes womöglich lieber weniger. Ihre

Entscheidung, Ihr Putz- und Haushaltsplan. Natürlich ist die Liste nicht vollständig und kann ganz nach Ihren Bedürfnissen angepasst werden.

Täglich:

- Betten machen
- Wohnung durchlüften
- Müll trennen und abends wegwerfen
- Kleine Kleckereien sofort beseitigen
- Waschbecken, Dusche und/oder Wanne nach Benutzung kurz trocken wischen
- Kochen, Herd säubern und Abwasch erledigen (mehr zum Thema Küche in Kapitel „Endlich Ordnung in der Küche"!)
- Schmutzwäsche vorsortieren
- Staubsaugen oder Fegen

1-2 mal die Woche:

- WC gründlich reinigen
- Wäsche waschen und bügeln
- Leergut wegbringen
- Staubwischen
- Fußböden wischen
- Spiegel putzen (Bad, Garderobe, Schminkspiegel, Schlafzimmerschrank etc.)
- Möbel mit Hochglanzfronten reinigen (Fingerabdrücke sind hier besonders gut sichtbar)

1-2 mal im Monat:

- Betten frisch beziehen (besonders im Sommer

sollte dies regelmäßig geschehen)

- Backofen und Mikrowelle reinigen (bei Mikrowelle Abdeckhaube nutzen, um Verschmutzung zu vermeiden)
- Fenster putzen (auch wenn es bei den meisten wohl eher 1-2 mal im Jahr gemacht wird)
- Kühlschrank reinigen
- Türen, Türrahmen und Fensterbänke abwaschen
- Hinter und unter dem Sofa staubsaugen und wischen
- Spinnweben aus Ecken beseitigen
- Auf Schränken Staubwischen (besonders in der Küche sammelt sich Staub und Fett auf den Hängeschränken – Tipp: Mit Zeitungspapier auslegen und dieses regelmäßig wechseln)
- Heizungen entstauben und abwaschen
- Gardinen/Vorhänge waschen
- Kleiderschrank auf Vordermann bringen (mehr dazu in Kapitel 4 „Endlich Ordnung im Kleiderschrank")
- Haushaltsgeräte überprüfen (Krümelschublade des Toasters entleeren, Wasserkocher entkalken etc.)

Ein Vorteil von Haushaltsplänen: Sie wahren eine gewisse Grundordnung, wenn Sie sich halbwegs an die täglichen/wöchentlichen/monatlichen Aufgaben halten. Es kann sich auch nichts unerledigt ansammeln, wie Berge von Pfandflaschen, Dreckwäsche oder verschmutzte Teller, Töpfe und Besteck. Wirkliche Unordnung kommt nicht auf und ein weiteres Plus: Sie können jederzeit Besuch empfangen (auch spontan) und zwar ohne sich in Grund und Boden zu schämen. Und: Je regelmäßiger Sie Putzen, umso weniger ist eigentlich zu tun und umso schneller sind Sie fertig.

Vergessen Sie bei all der Planung aber die Tage nicht, an denen Sie rein gar nichts machen. Samstag oder Sonntag zum Beispiel.

2.3.3 Sommer, Sonne, Staubwedel?

Natürlich müssen auch in den schönen Jahreszeiten lästige Hausarbeiten erledigt werden. Aber Sie müssen es sich auch nicht unnötig schwer machen und beispielsweise an einem Samstagnachmittag bei strahlendem Sonnenschein anfangen die Fenster zu putzen, während andere an den See fahren oder gerade den Grill anschmeißen. Wenn einem dann auch noch der leckere Geruch von Steaks und Maiskolben in die Nase steigt, vergeht sofort die Lust und Laune auf Hausputz.

Nun gut, Fensterputzen sollte man nicht bei Regen, aber ein weniger schöner Tag tut es auch. Und wenn Sie ehrlich sind, putzen Sie bestimmt eh nur höchstens viermal im Jahr die Scheiben, oder?

Bei schlechtem Wetter und Regen lassen sich hingegen prima unliebsame Arbeiten im Haus selbst erledigen.

2.4. Ein bisschen Spaß muss sein

Viele Hausarbeiten sind gar nicht so schlimm und zeitaufwendig, wie wir denken. Der unliebsame Abwasch beispielsweise ist meistens innerhalb von 10 oder 15 Minuten erledigt. Ein Klacks, wenn man bedenkt, wie viel Zeit wir Frauen morgens im Bad benötigen. Auch den Müll kann man nebenbei rausbringen. Wenn Sie den Briefkasten checken, mit dem Hund rausgehen oder zum Einkaufen aufbrechen. Und mal ehrlich: Wäsche waschen ist ebenfalls ein Kinderspiel. Wenn Sie Ihre getragene und schmutzige Wäsche jeden Abend in verschiedene Wäschesäcke vorsortieren, müssen Sie diesen nur noch zur Waschmaschine tragen, stopfen es in die Trommel, Pulver rein und fertig. Den Rest erledigt diese wunderbare Maschine. Auch das anschließende Aufhängen ist in 10 Minuten erledigt.

Madame Missou glaubt sowieso, dass viele gerade dieses alltägliche Gerät alias Waschmaschine nicht wirklich zu schätzen wissen. Alle, die mal eine Weile auf das gute Stück verzichten mussten, wissen, was gemeint ist. Handwäsche ist ein Graus und dauert ewig. Ist die Wäsche stark verschmutzt, wird sie nach dem Schrubben und Wringen auch nicht wirklich sauber. Ein Hoch auf die Frauen, die sich noch mit Waschbrett und Zuber zufriedengaben! Und in einigen Ländern wird immer noch von Hand und in Eimern gewaschen. Oder kennen Sie halb automatische Waschmaschinen? Nein? Seien Sie froh! Auf diese Bekanntschaft können Sie getrost verzichten.

Sie sehen also, es ist alles halb so schlimm und Hausputz geht heutzutage viel schneller, als früher. Und mit ein paar Tricks lässt sich sogar ein bisschen Spaß bei der Arbeit haben.

2.4.1 We will rock you!

Drehen Sie Ihre Stereoanlage auf, und zwar so laut, wie es Ihre Nachbarn gerade noch tolerieren. Wenn Sie sich motivieren wollen, dann hören sie am besten fetzige, rockige und kraftvolle Songs. Wer sagt denn, dass man beim Aufräumen nicht mit dem Fuß wippen oder den Hüften wackeln darf?

Zugegeben, „laute Musik hören" ist nicht wirklich ein Geheimtipp, aber der beliebteste und am meisten gegebene Ratschlag, wenn es darum geht mehr, Pep und Spaß in die Hausarbeit zu bringen. Und das nicht ohne Grund. Die Lieblingsmusik zu hören motiviert, man kann mitsingen, dazu tanzen und das Beste: Putzen und Chaos beseitigen geht gleich viel leichter und schneller vonstatten. Und wer sowieso gerne mitgrölt, dem sei verraten: Im Badezimmer ist die Akustik für eine Soloperformance besonders schön.

Weniger laut darf die Musik hingegen bei der Bügelwäsche sein. Seltsamerweise empfinden nämlich viele das Bügeln als etwas Meditatives. Nun ja, vielleicht liegt es einfach daran, dass es so monoton und langweilig ist. Aber ob nun laute Rock und Popmusik oder doch etwas Klassik ist Ihnen überlassen. Madame Missou hört beispielsweise statt Musik lieber ein Hörbuch oder schaltet den Fernseher ein.

Und hier noch ein zusätzlicher Musiktipp von Madame Missou:

Hören Sie eine CD mit einer bestimmten Anzahl von Liedern. Für jeden Song suchen Sie sich im Vorfeld eine Aufgabe aus. Schreibtisch aufräumen, Vitrine abstauben, Betten beziehen usw. Ist das Lied zu Ende, gehen Sie zur jeweils nächsten Aufgabe über. Sie werden sich beeilen und bemühen alles in der vorgegebenen Zeit zu schaffen und am Ende der CD ist dann hoffentlich alles sauber. Natürlich ist es erlaubt, nach Ablauf der CD noch ein wenig nachzubessern, wenn Sie mögen. So ein halb bezogenes Bett sieht ja auch irgendwie doof aus.

2.4.2 Gemeinsam ist man weniger allein

Viele Tätigkeiten sind alleine irgendwie langweilig und öde, und Putzen ist da leider keine Ausnahme. Es vergeht schnell die Lust, wenn man einsam durch die Wohnung tigert und versucht Ordnung zu schaffen.

Besser ist da sich die Schwester, beste Freundin, Mitbewohner, den Partner oder die Kinder zu krallen und gemeinsam zu putzen und aufzuräumen. Dabei kann man schön quatschen und tratschen, ein wenig Blödsinn machen und sich gegenseitig motivieren. Am Ende gibt es für alle eine kleine Belohnung. Wenn Ihre Kinder beispielsweise geholfen haben, belohnen Sie diese am Ende mit einem gemeinsamen Besuch in der Eisdiele, bestellen Sie eine Pizza oder erlauben eine Extrarunde Computerspiele. Mit der Freundin können Sie gemeinsam eine Flasche Wein öffnen oder Sie gehen mit Ihrem Schatz ins Kino. Seien Sie kreativ und motivieren Sie sich alle im Vorfeld mit der Aussicht auf eine nette Belohnung.

Wenn Sie mit jemandem zusammenwohnen, empfiehlt es sich ebenfalls, die Aufgaben gezielt zu vergeben und wie bei einem Wochenplan feste Zeiten zu vereinbaren. Fragen Sie sich also selbst: „Was ist am wenigsten schlimm für mich und wie oft kann ich mir vorstellen, diese Tätigkeit zu erledigen?" Halten Sie alles in einem WG-Plan oder Wochenplan fest und natürlich müssen auch die Hausarbeiten, die alle hassen gerecht verteilt werden. Für die Reinigung des WCs kommt beispielsweise jeder mal dran. Außer jemand meldet sich freiwillig.

Denn oftmals ist es ja so, dass eine andere Person Tätigkeiten als angenehmer oder weniger schlimm empfindet, als man selbst es tut. Da ist es gut, wenn Pflichten dementsprechend aufgeteilt werden. Sie Kochen gern und haben kein Problem mit dem Abwasch? Prima, dann erledigt Ihr Partner das Staubsaugen oder Einkaufen. So profitieren alle und das Tohuwabohu ist schnell gebannt.

Auch Kinder können schon früh lernen Verantwortung zu übernehmen, also delegieren Sie ruhig ein paar einfache Aufgaben an sie. Müll rausbringen ist nicht schwer und ist im Nu erledigt. Auch beim Wäscheaufhängen kann geholfen werden, beim Abwasch oder Staubwischen. Gerade jüngere Kinder helfen häufig liebend gern im Haus, was Sie unbedingt ausnutzen sollten.

Hat hier gerade jemand ausnutzen gesagt? Hust, hust! Gemeint ist natürlich, dass Sie diese kleine Hilfe zu schätzen wissen und sie genießen, solange es geht. Allzu schnell werden Sie nämlich betteln und flehen, dass die Socken in den Wäschesack wandern, Spielsachen weggeräumt werden und nicht alles immer und überall rumfliegt und liegen gelassen wird.

2.4.3 Tick-Tack

Putzen Sie doch einmal gegen die Zeit. Setzen Sie sich ein Zeitlimit für eine bestimmte Aufgabe und starten Sie die Stopp- oder Eieruhr. Wenn Sie es in der vorgegebenen Zeit schaffen, können Sie sich mit etwas Kleinem belohnen.

Sie werden sehen: Durch den Zeitdruck kommen Sie nicht so schnell in Versuchung zu trödeln oder sich hinzusetzten. Wenn Ihnen das Wettrennen gegen die Eieruhr hingegen zu albern ist, versuchen Sie beispielsweise eine Stunde bevor Ihre Lieblingssendung im Fernsehen kommt, Ordnung in einem bestimmten Bereich zu schaffen. Gelingt es Ihnen nicht, dann verpassen Sie den Anfang des Films, der Serie oder der Sendung. Schummeln ist aber nicht erlaubt und Sie dürfen die angefangene Aufgabe nicht einfach abbrechen.

Einen ähnlichen Wettkampf können Sie auch mit Ihren Kindern veranstalten. Das weckt den Ehrgeiz und spornt an. Beide haben dabei eine vorgegebene Zeit, um das eigene Zimmer auf Vordermann zu bringen. Auf Los geht's los! Wenn der Wecker nach Ablauf der Zeit klingelt, sind Sie die Richterin und inspizieren die Räume. Der Gewinner bekommt einen kleinen Preis (und der Verlierer einen Trostpreis). Einfach alles unter das Bett zu stopfen gilt allerdings als Mogeln.

Wenn es kein Wettstreit werden soll, können Sie auch anders vorgehen. Stellen Sie den Wecker auf Ihrem Mobiltelefon so ein, dass beispielsweise nach 5 Minuten, anschließend nach einer Minute, dann vielleicht nach 8 Minuten usw. (oder in anderen Abständen) der Alarm losgeht. Wenn das Klingeln ertönt, legen alle die Arbeit schnell nieder, kommen zusammen und naschen zum Beispiel ein Stück Schokolade. Aber Achtung: Dafür ist nur je eine Minute Zeit. Dann geht es weiter. Besonders kleinen Kindern macht dies sehr viel Spaß und sie können den nächsten Alarm kaum abwarten.

Eine Abwandlung für Erwachsene kommt aus einer Studenten-WG. Hier wurde anstatt Schokolade lieber ein Gläschen Schnaps genascht oder Bier getrunken. Bleibt nur die Frage, wie sauber die Wohnung hinterher tatsächlich war.

2.4.4 Laden Sie Besuch ein

Sie schaffen die ganze Woche über nicht so viel Hausarbeit, wie in den 10 Minuten, bevor sich spontan Besuch ankündigt? Dann geht es Ihnen wie vielen. Während Ihnen selber nämlich das Chaos reichlich egal ist, wenn Sie zu Hause sind, schrillen plötzlich alle Alarmglocken, wenn Freunde oder Familie zu Besuch kommen.

Was andere von uns denken, ist für die meisten sehr wichtig und man will sich nicht die Blöße geben schlampig und unordentlich zu sein. Darum legen wir uns in der kurzen Zeit mächtig ins Zeug und versuchen das Durcheinander in ein halbwegs wohnliches Zuhause zu verwandeln. Der Tisch wird schnell abgewischt, das Waschbecken gesäubert, rasch gestaubsaugt, Schmutzwäsche in den Wäschekorb geworfen oder irgendwo versteckt, die Pfannen vom Vortag hektisch abgewaschen usw.

Dieser Tipp ist also besonders für die Unverbesserlichen unter Ihnen geeignet. Wenn Sie die Hausarbeit zu sehr schleifen lassen und nur motiviert werden, wenn Sie Gefahr laufen, dass andere Ihr Chaos zu Gesicht bekommen, sollten Sie demnach häufiger mal Besuch einladen oder Ihre Freunde bitten häufiger unangekündigt vorbei zu kommen.

Eine Faustregel besagt übrigens, dass Sie immer so viel Ordnung halten sollten, dass jederzeit bei Ihnen Besuch auftauchen kann, ohne, dass sie sich für Ihre Wohnung schämen müssen.

2.4.5 Nur eine Baustelle

Damit das Aufräumen nicht in absoluten Frust ausartet, sollten Sie sich nicht zu viel auf einmal vornehmen. Herrschte jahrelang bei Ihnen der Schlendrian, können Sie diese Lotterwirtschaft sicherlich nicht an einem Tag zum Teufel jagen. Setzen Sie sich darum besser kleine Ziele.

Anstatt also in 10 Ecken gleichzeitig anzufangen, sollten Sie eins nach dem anderen erledigen. Wenn Sie beispielsweise das Chaos auf dem Schreibtisch erfolgreich beseitigt haben, genießen Sie die neue Ordnung und machen Sie anschließend woanders weiter. Gerne auch am nächsten Tag. Hauptsache, Sie bleiben bei der Sache.

Wenn Sie nämlich sehen, wie toll es nach und nach aussieht, dann motiviert es immer wieder zum nächsten Problemfall überzugehen. Und wenn Sie zwar vom vielen Aufräumen und Putzen schon fix und fertig sind, der Raum aber noch nicht, dann wird es Sie mit Sicherheit stören, dass die eine Hälfte nun so super ausschaut, die andere aber noch wie Kraut und Rüben. Das gibt Kraft und Motivation weiterzumachen.

2.4.6 Aufgeräumte Wohnung macht fit

Hausputz ist für Sie genauso lästig und nervend, aber eben auch notwendig wie Sport? Warum dann nicht gleich beides miteinander verbinden? So muss man sich nicht zweimal quälen.

Madame Missou hat schon von Frauen gehört, die beim Putzen kleine Gewichte an den Hand- und Fußgelenken tragen oder beim Staubsaugen Kniebeugen machen, damit es auch ja eine schweißtreibende Angelegenheit wird. Nun gut, es gibt ja auch Vertreterinnen, die verrückt nach Sport sind oder gerade Abnehmpläne verfolgen. Für all diejenigen ist der Gedanke gar nicht so dumm. So werden ein paar zusätzliche Kalorien verbrannt und die Fitness gefördert. Möglicherweise ist dies ja ein Trost, wenn mal wieder anstrengende Tätigkeiten anstehen.

2.4.7 Richtiges Equipment nutzen

Jeder möchte, dass die tägliche Arbeit im Haus möglichst schnell und bequem vonstattengeht. Nicht umsonst gibt es so eine Fülle von Haushaltshelfern und Geräten auf dem Markt, die genau dies versprechen. Maschinen, die uns solch ungeliebte Pflichten wie das Wäschewaschen abnehmen, Mobsysteme für die schnelle und effektive Bodenreinigung, Staubsauger und Dampfreiniger. Sogar Miniroboter, die eigenständig den Fußboden reinigen, wurden entwickelt und werden ständig verbessert. Wer jetzt allerdings glaubt, bald einen Haushaltsroboter sein Eigen nennen zu können, der den gesamten Haushalt schmeißt, der irrt leider. Zumindest sind solche Putzroboter momentan noch Zukunftsmusik.

Bei der Wahl der richtigen Ausrüstung muss es ja außerdem nicht immer gleich das teuerste und aktuellste Modell sein. Dennoch sollten Sie bei der Hausarbeit lieber auf Qualitätsprodukte, anstatt auf Provisorien und Billigware zurückzugreifen. Sie machen sich die ohnehin lästigen Pflichten damit nur unnötig schwer und brauchen länger bei der Reinigung und Pflege Ihres Heims. Gute Produkte sind hingegen nicht unbedingt teuer und helfen Ihnen wertvolle Zeit zu sparen, die Sie in andere, weitaus angenehmere Aktivitäten investieren können.

Außerdem empfiehlt Madame Missou alle Reinigungsgeräte und Produkte zentral aufzubewahren, am besten in einem kleinen Wagen. Oder verstauen Sie Putzmittel in einem extra dafür vorgesehenen Eimer oder

Körbchen aus Plastik. Je organisierter Ihr Putzequipment ist, umso mehr Zeit und Nerven sparen Sie bei der Arbeit. Und nicht zu vergessen: umso schneller sind Sie fertig! Yay!

Sorgen Sie also für kurze Arbeitswege. Überprüfen Sie, ob alles was benötigt wird, an Ort und Stelle ist und dann geht es los. Wenn Sie erst alles zusammensuchen müssen, Hilfsmittel fehlen, oder Sie ständig hin und her rennen müssen, dann ist dies ein Motivationskiller und zögert einen Feierabend und ein sauberes Zuhause unnötig hinaus.

Nutzen Sie also Qualitätsware und gute Geräte und erledigen Sie anfallende Hausarbeiten flott und unkompliziert. Na, das sind doch schöne Aussichten.

2.4.8 Keine Lust auf Zitrusduft?

Kommt Ihnen folgendes Szenario bekannt vor: Sie kommen nach einem langen Arbeitstag in Ihre Wohnung und in dem Moment, wo Sie die Haustüre öffnen, dringt Ihnen ein wohlbekannter Duft in die Nase und Sie wissen und fühlen sofort, Sie sind endlich zu Hause. Dieser vertraute Geruch besteht aus den Putzmitteln, die Sie (hoffentlich) regelmäßig benutzen. Waschmittel und Weichspüler, Bodenreiniger, Scheuermilch und Spülmittel.

Wenn Ihnen aber stattdessen nur der Mief und die Küchengerüche der letzten Tage entgegenschlagen, dann ist dies ein weniger schönes Willkommen und es an der Zeit etwas zu ändern. Neben den herkömmlichen und beliebtesten Reinigern, wie Zitronenduft oder Meeresbrise, gibt es mittlerweile eine Fülle von verschiedenen Düften. Sie finden darunter sicherlich auch einen, der Ihrer Nase schmeichelt und zu Ihnen und Ihrem Zuhause passt. Und mit einem angenehmen Reinigungsmittel sieht die Wohnung hinterher nicht nur sauber aus und fühlt sich sauber an, sie riecht auch gepflegt und angenehm.

Achten Sie aber bitte beim Kauf von Putzmitteln darauf, dass Sie auf Chemie-Keulen weitestgehend verzichten und wenn überhaupt nur so sparsam wie möglich einsetzen. Beispielsweise bei besonders hartnäckigen Verkalkungen, Fettablagerungen oder bei sehr dreckigen Toiletten etc.

Für die normalen Haushaltstätigkeiten nehmen Sie lieber biologisch abbaubare Produkte. Die schonen die Umwelt und besitzen trotzdem eine Top-Reinigungsleistung. Ganz ohne Chemie arbeiten hingegen spezielle Dampfreiniger für Böden und Oberflächen und verwandeln beispielsweise schmutzige Bäder in hygienisch saubere Wohlfühltempel. Auch Mikrofasertücher kommen weitestgehend ohne zusätzliche Putzmittel aus und reinigen dank ihrer speziellen Oberflächenstruktur schonend und gleichzeitig effektiv.

2.4.9 Zuckerbrot und Peitsche

Hausarbeit heißt nicht umsonst so und ist nun mal schweißtreibend und eben „Arbeit". Die meisten Menschen empfinden Hausarbeit als lästige Pflicht, die nun einmal erledigt werden muss. Ausnahmen bestätigen wie immer die Regel und es gibt Menschen, die Putzen für ihr Leben gern und lieben Ordnung und Reinlichkeit zu Hause.

Vermutlich haben auch Sie nichts gegen ein aufgeräumtes Zuhause, aber fehlende Motivation oder chronische Unlust am Putzen lassen das Unterfangen „Hausputz" leider regelmäßig Scheitern.

Dabei sollte eine gemütliche und reine Wohnung eigentlich Motivation genug sein, um Besen und Mob zu schwingen. Schließlich ist es schöner, morgens in eine aufgeräumte Küche zu kommen und in den Tag zu starten, als den Abwasch vom Vortag noch in der Spüle vorzufinden. Oder auf dem Couchtisch stehen noch Gläser vom Fernsehabend, in denen die Cola zu einem klebrigen Etwas eingetrocknet ist und die unschöne Ringe auf dem Glastisch hinterlassen haben. Wenn die Aussicht auf ein ordentliches Zuhause nicht genug Antrieb gibt, um endlich loszulegen, dann versuchen Sie es mit Bestechung. Denn nichts motiviert besser und effektiver, als die Aussicht auf eine kleine Entschädigung am Ende der getanen Arbeit. Belohnen Sie sich selbst und gönnen Sie sich eine Kleinigkeit, wenn Sie eine Aufgabe erledigt haben. Eine Tasse Kaffee, eine Zigarette, etwas Süßes oder was auch immer Ihnen einen kleinen Tritt in den Allerwertesten gibt und anspornt sauber zu machen.

2.5. Schlusswort

Das bisschen Haushalt macht sich also wirklich nicht von allein. Wenn Sie aber jeden Tag ein paar Minuten investieren und anfallende Aufgaben regelmäßig erledigen, desto weniger unliebsame Arbeit kann sich ansammeln und umso schneller sind Sie jeweils fertig. Die einzelnen Pflichten kosten nämlich alleine gesehen nicht wirklich viel von Ihrer Zeit. Wenn Sie aber alles vor sich herschieben und schließlich an einem Tag versuchen, dem Chaos Herr zu werden, ist die Mission von vorneherein zum Scheitern verurteilt. Frustriert werden Sie vor dem Berg an Arbeit kapitulieren. Erst recht, wenn Sie versuchen alle Baustellen gleichzeitig zu beseitigen. „Lieber jeden Tag ein bisschen" lautet also die Devise.

Motivationskicks können hingegen das gemeinsame Aufräumen mit Freunden oder Familie sein, kleine Spiele, Musik oder Hörbücher, denen beim Putzen gelauscht wird, neue Dekorationsstücke für die Wohnung, schöne Düfte oder kleine Belohnungen. Der schönste Lohn sollte jedoch ihr gepflegtes Zuhause sein, in dem Sie zu jeder Tages- und Nachtzeit Besucher empfangen können, ohne sich zu schämen. Im Gegenteil. Seien Sie stolz auf Ihr behagliches und aufgeräumtes Heim.

Ein Geheimtipp zum Schluss: Andere die Arbeit machen lassen.

Dieser Tipp von Madame Missou ist für all die Unverbesserlichen da draußen. Gönnen Sie sich einmal den Luxus Ihre Wohnung von jemand anderem aufräumen zu lassen. Und zwar von einem wirklichen Profi. Die Betonung liegt hierbei auf dem Wörtchen „einmal". Denn wenn erst mal alles schön und sauber ist, fällt es hoffentlich ein wenig leichter auch weiterhin Ordnung zu halten. Der schier unüberwindbare Berg an Schmutz und Chaos ist nun dem Erdboden gleichgemacht und Sie sorgen nun dafür, dass sich erst gar keine Wäsche- oder Geschirrberge mehr ansammeln. Nicht mal kleine Hügelchen. Spätestens dann führen Sie sich alle Tipps dieses kleinen Ratgebers hier nochmals in Ruhe zu Gemüte und übernehmen das Putzkommando!

3. Endlich Ordnung in der Küche

3.1 Einleitung

Die Küche ist oftmals der geselligste Ort im Haus. Hier wird leckeres Essen zubereitet und mit der Familie gegessen, mit Freunden bei einer Tasse Kaffee geplaudert, Hausaufgaben gemacht, gemalt und gespielt, der Küchentisch als Schreibtischersatz genutzt, Spieleabende veranstaltet und einiges mehr. Doch gerade weil die Küche häufig so vielseitig genutzt wird, sind die Verschmutzungen dort enorm. Dabei sollte dies der hygienischste Raum im ganzen Haus sein (vom Bad vielleicht einmal abgesehen). Dass viele Elektrogeräte jedoch häufig kaum gewartet werden und besonders der Kühlschrank beim Putzen oft vernachlässigt wird, ist daher kaum verständlich. Niemand will Schimmel oder Keime auf den Lebensmitteln, Ungeziefer im Haus oder Essensreste auf Arbeitsflächen und Geräten. Zudem finden sich in Ober- und Unterschränken allzu häufig alte oder beschädigte Elektrogeräte, ungenutztes Geschirr, eine ganze Armada an Senfgläsern, die man möglicherweise noch einmal als Trinkgläser verwenden könnte usw. Sie werden sich wundern, was Sie beim Ausmisten alles zutage fördern und wie viel Sie davon eigentlich gar nicht mehr brauchen oder vielleicht sogar noch nie genutzt haben.

Madame Missou zeigt Ihnen in diesem kleinen Ratgeber, wie Sie Ihre Küche zum Mittelpunkt des Hauses aufwerten, damit Kochen & Backen wieder so richtig Spaß macht, Sie alles schnell griffbereit haben und genau wissen, wo Sie einzelne Geräte und Utensilien finden. Außerdem gibt es Pflege- und Wartungstipps zu verschiedenen häufig genutzten Elektroartikeln, viele Tipps rund um das Thema Organisation und Entrümpelung der Küchenschränke, Hinweise zur Lagerung von Lebensmitteln, wie Sie Arbeitsflächen effektiv nutzen oder gar erweitern können, die richtige Beleuchtung für Küchenzeile und Esstisch und viele weitere Ratschläge. Ein Sonderteil zum Thema Kindersicherheit befindet Sie schließlich am Ende des Kapitels 3, denn auch die Kleinen wollen sich frei und sicher in der Küche bewegen.

Legen Sie also los und organisieren Sie ihre Küche neu! Egal wie groß oder klein dieser Raum ist, mit einfachen Tricks lässt sich jeder Stauraum richtig nutzen und erweitern und tatsächlich sind es nur wenige Dinge, die wir wirklich fürs tägliche Kochen nutzen.

3.2. Richtig vorbereiten, aussortieren und einräumen

Ehe Sie anfangen alles neu zu organisieren und umzustrukturieren, gilt es ein paar grundlegende Vorbereitungen zu treffen. Denn damit die Küche übersichtlich wird, Sie alles schnell zur Hand haben, und während der Arbeit Zeit sparen, ist eine gute Planung unerlässlich. Räumen Sie darum nicht kopflos drauflos, sondern überlegen Sie Ihre Arbeitsschritte genau. So versinken Sie nicht im Chaos und die Aufräumaktion artet auch nicht in Frust aus oder wirkt schier unüberwindbar.

Keine Sorge, falls Sie nicht wissen, wo und wie Sie anfangen sollen. Madame Missou hilft Ihnen und zeigt Schritt für Schritt, wie Sie Küchenzeile und Co. effektiv entrümpeln und langfristig zu einem angenehmen Arbeits- und Wohnumfeld umwandeln.

3.2.1 Skizzieren und planen

Schnappen Sie sich ein Blatt Papier und einen Stift. Was dies mit Organisation und Aufräumen der Küche zu tun hat? Nun, eine ganze Menge sogar! Denn wir werden zunächst eine Skizze der Küche entwerfen und dazu sowohl einen Grundriss aufzeichnen, als auch eine grobe Ansicht der Küchenzeile. Keine Angst, das wird ganz einfach!

Der Grundriss ist wichtig, damit Sie sehen können, wo welcher Arbeitsbereich ist. In der Nähe der Spüle benötigen Sie andere Dinge, als neben dem Herd. Und in dem Bereich, wo Sie Speisen zubereiten, sind wiederum andere

Utensilien von Nöten.

Eine Draufsicht auf die Küchenschränke zeichnen Sie bitte ohne die Schranktüren, damit Sie beschriften können, auf welcher Ablage was lagern sollte. Hat erst mal alles seinen angestammten Platz, finden Sie Utensilien schneller wieder und die Arbeit geht flotter vonstatten. Dies hilft nicht nur ungemein beim Vorbereiten, Kochen und Backen, sondern hinterher ebenso beim Aufräumen.

Extratipp: Vorher-Nachher-Fotos

Klingt zunächst etwas eigenartig, aber Fotos können eine super Motivation sein, wenn Sie das Projekt „Küche entrümpeln" in Angriff nehmen. Öffnen Sie dazu alle Schranktüren und knipsen Sie das wirre Durcheinander. Sie können auch jeden Schrank und alle Schubladen einzeln fotografieren. Bei jedem geschafften Teilerfolg wird ebenfalls wieder ein Bild geschossen. So können Sie die Verwandlung Schritt für Schritt mitverfolgen und das gibt einen super Kick, um am Ball zu bleiben.

3.2.2 Entrümpeln

Wenn Sie genügend Zeit für das Ausmisten eingeplant oder sogar Hilfe haben, spricht eigentlich nichts dagegen, dass Sie sofort alle Küchenschränke leer räumen, sortieren und entrümpeln. Bei wenig Zeit möchte Madame Missou Ihnen jedoch empfehlen, sich lieber einen Schrank nach dem anderen vorzuknöpfen. Ansonsten kann das Chaos schier überwältigend wirken und die Motivation sinkt schnell in den Keller. Denn es wird Sie womöglich ganz schön überraschen oder gar schocken, was und wie viel sich in den Tiefen Ihrer Einbauküche so alles versteckt. Über die Jahre sammelt sich hier ganz schön was an. Denn Utensilien werden zwar regelmäßig erneuert oder man bekommt sie zu bestimmten Anlässen geschenkt, doch die alten Sachen wandern dafür nur selten in den Müll oder werden ausrangiert.

Wenn Sie nun sämtliches Equipment nach und nach sichten, wird Ihnen wahrscheinlich selbst klar, dass viele Dinge gar nicht mehr benötigt werden oder gar doppelt sind. Beispielsweise, wenn zwei Haushalte zusammengelegt oder alte Elektrogeräte schon längst durch neue ersetzt wurden. Falls Sie nun denken „Das ist zum Wegwerfen viel zu schade", dann seien Sie unbesorgt. Sind die Sachen noch gebrauchstüchtig, wandern sie selbstverständlich nicht in den Müll. Sie können verkauft, an Sohn oder Tochter „vererbt" oder auch gespendet werden. Vielleicht hat Ihre Gemeinde eine Jugendgruppe, Seniorenstunde oder Ähnliches, die sich über Geschirr oder ein paar Küchenhelfer freuen würde.

Ich empfehle Ihnen hier das Bereitstellen von verschiedenen Körben oder Kartons, die beim Ausmisten helfen. In einen Karton wandert alles, was Sie auf jeden Fall behalten möchten und was regelmäßig in Gebrauch ist. In eine andere Box wandern Gegenstände, die ebenfalls in Ihrem Haushalt verbleiben, die aber selten genutzt werden. Der Raclettegrill oder das Waffeleisen zum Beispiel. Ebenso Geschirr, welches nur zu festlichen Anlässen hervorgeholt wird, wie Teller und Becher mit

Weihnachtsmotiven.

In den nächsten Behälter legen Sie alles, was doppelt ist oder einfach nicht mehr genutzt wird. Ausgediente Kleingeräte, altes Geschirr und andere Kochutensilien. Diese Sachen können Sie verkaufen, verschenken oder spenden.

In den letzten Karton oder Korb kommen schließlich alle Sachen, die komplett ausrangiert werden. Geschirr, Gläser und Tassen mit herausgebrochenen Kanten und tiefen Kratzern beispielsweise. Nicht funktionstüchtige Elektrogeräte und auch Plastikbehälter, die keinen Deckel mehr haben oder geschmolzene Stellen aufweisen, weil Sie mit dem Herd in Berührung kamen oder zu lange in der Mikrowelle standen. All diese defekten Dinge werden weggeworfen.

Mit etwas Glück haben Sie nun schon einiges an freier Fläche und Stauraum gewonnen. Doch Moment, es wird noch nichts wieder eingeräumt. Erst mal gibt es noch eine lästige Pflicht zu erledigen.

3.2.3 Küchenzeile aus- und abwischen

Vermutlich werden Ihre Küchenschränke in nächster Zeit nicht so schnell wieder völlig leer sein. Eine gute Möglichkeit also, mal ordentlich den Putzlappen zu schwingen. Na na, wer wird denn da gleich genervt aufstöhnen? So eine gute Gelegenheit kommt so schnell nicht wieder. Und Sie möchten doch sicherlich nicht für eine tolle Ordnung in absolut dreckigen Schränken sorgen?

Hinterher ärgern Sie sich, dass diese Chance nicht genutzt wurde, um die alte Küchenzeile mal wieder so richtig zum Strahlen zu bringen.

Also schnappen Sie sich einen Eimer mit Wasser und etwas Spülmittel darin und wischen Sie die Schränke aus. Vergessen Sie auch die Fronten, den Fliesenspiegel und den Sockel nicht und trocknen Sie alle Flächen hinterher gut ab. Am schockierendsten wird vermutlich der Anblick oben auf den Hängeschränken! Durch den Dunst, der beim Kochen entsteht, lagern sich hier gerne Feuchtigkeit und Fett ab. Daran bleibt der Hausstaub wunderbar haften und bildet eine unschöne und unhygienische Dreckschicht, die sich nur hartnäckig entfernen lässt. Um dies in Zukunft zu vermeiden, können Sie nach dem Saubermachen Zeitungspapier auf den Schränken auslegen, das Sie in regelmäßigen Abständen austauschen.

3.2.4 Was gehört wohin?

Eine Küche lässt sich in verschiedene Arbeitsbereiche einteilen, darunter fallen:

a) Kochbereich mit Herd und Backofen
b) Bereich zum Säubern von Geschirr und Utensilien (Spüle und/oder Spülmaschine)
c) Ein Platz zum Vorbereiten von Speisen
d) Vorräte (haltbare und verderbliche Lebensmittel)
e) Aufbewahrung von Geschirr, Elektroartikeln und sonstigem Zubehör
f) Müllentsorgung

Jeder arbeitet in seiner Küche anders und nutzt Gegenstände verschieden häufig. Darum sind die nachfolgenden Tipps mehr Richtlinien und Hilfestellungen für das Einsortieren Ihrer Utensilien und Organisieren der Arbeitsbereiche. Je nach persönlichem Geschmack und Bedarf können Geräte, Geschirr und Sonstiges natürlich auch anders gelagert werden.

a) Der Kochbereich

Um lange Arbeitswege zu vermeiden, wenn bereits das Essen brutzelt und natürlich um Zeit zu sparen, sollten Töpfe, Pfannen, Bräter, Kuchenformen und Bleche nahe beim Herd gelagert werden. Da diese Utensilien oft schwer sind, gehören Sie demnach am besten in einen Unterschrank oder Schublade nahe dem Kochfeld.

Ebenfalls möglichst nah an diesem Arbeitsbereich sollten Pfannenwender, Suppenkelle und ähnliches Kochbesteck aufbewahrt werden. Der Fliesenspiegel hinter dem Herd ist jedoch nicht geeignet, da Sie über die heißen Töpfe greifen müssen, um die Helfer zu erreichen. Dies stellt ein unnötiges Risiko dar. Lieber auf einem Schienensystem oder Behälter neben dem Herd aufhängen oder aufbewahren. Auch Backhandschuhe und Topflappen gehören in diesen Bereich, genau wie ein Platz für das gerade benötigte Kochbuch.

Gewürze werden zwar während des Kochens häufig erst beim Garvorgang hinzugefügt, jedoch sollten Sie nach Möglichkeit nicht in diesem Arbeitsbereich herumstehen. Die meisten Gewürze behalten länger ihr Aroma, wenn sie dunkel gelagert werden, also in einem Küchenschrank. Zudem bewirken die Dämpfe beim Kochen, dass einige Gewürze klumpen und an Frische verlieren oder gar unbrauchbar werden.

Achten Sie auch auf genügend Platz neben dem Herd, sodass Sie die vorbereiteten Zutaten direkt in Reichweite haben und auch mal einen Topf abstellen können.

b) Der Reinigungsbereich

Bewahren Sie Geschirr, Gläser, Tassen und Besteck am besten in der Nähe von Spüle und Geschirrspülmaschine auf. So kann sauberes Equipment nach dem Waschen schnell wegsortiert werden und Sie müssen nicht unnötig hin und her rennen. Dabei werden Geschirr und Co. häufig in Hängeschränken aufbewahrt, doch auch Schubladen mit Vollauszug sind eine gute Alternative. Achten Sie darauf, Teller und Tassen nicht zu hoch zu stapeln. Sie können leicht kippen und aus den Schränken fallen.

In die Nähe der Spüle gehören selbstverständlich auch Spülmittel, Schwämme, Flaschenbürste, Geschirrtücher und andere Reinigungshelfer sowie Müllsäcke.

c) Vorbereiten

Dies sollte der bei Weitem größte Bereich in der Küche sein und optimal ist ein Platz zwischen Herd und Spüle, damit die Arbeitswege klein gehalten werden. Vorbereitete Zutaten können so nahe dem Herd bereitgestellt werden und verschmutzte Utensilien und Geräte wandern direkt in den Reinigungsbereich.

Bei der Vorbereitung sollten Sie all das schnell erreichen oder gar in Griffweite haben, was Sie für die Zubereitung von Gerichten benötigen. Also beispielsweise Küchenwaage, Messer, Spargelschäler, Sieb und Schneidebrettchen. Auch Gewürze, Mehl, sowie Essig und Öl können in diesem Arbeitsbereich einen festen Platz finden, ebenso wie Kaffee, Tee, Cornflakes oder Müsli. Auch weitere offene und häufig genutzte Zutaten haben hier ihren optimalen Platz. Natürlich ist es auch ratsam, Kühl- und Vorratsschrank in unmittelbarer Nähe zu haben.

d) Vorräte

Haltbare und originalverpackte Lebensmittel müssen nicht zwangsläufig in der Küche aufbewahrt werden. Besonders in kleinen Küchen ist der Stauraum oft knapp bemessen und Konserven, Wasserkästen und Ähnliches kann getrost in einem anderen Bereich der Wohnung oder des Hauses gelagert werden. Beispielsweise dem Keller. Dort wird manchmal auch der Gefrierschrank aufgestellt, wenn Platz in der Küche rar ist und keine Kühl-Gefrier-Kombination zur Verfügung steht. Daher sollten Sie vor dem Kochen genau überlegen, welches Rezept es heute sein soll und was dafür alles benötigt wird. So müssen Sie nicht ständig in die Vorratskammer stapfen oder gar in den Keller hinunter laufen.

Der Kühlschrank mit den wichtigsten Verbrauchsgütern ist jedoch fester Bestandteil der Vorratszone und sollte am besten auch in der Nähe der Vorbereitungsstätte geplant werden. Super für die Vorratshaltung in der Küche sind außerdem ausziehbare Apothekerschränke und Hochschränke.

Damit Lebensmittel lange frisch und haltbar bleiben, sollte selbstverständlich die Kühlkette möglichst nicht unterbrochen werden. Nutzen Sie beim Einkaufen speziell isolierte Tüten oder Kühltaschen, um Tiefkühlware und kalte Speisen sorglos nach Hause zu transportieren. Sortieren Sie die Lebensmittel anschließend sofort in Kühl- und Gefrierschrank und beachten Sie, was in welche Kältezone gehört. Mehr Tipps zur Lagerung von frischen Lebensmitteln und Pflege des Kühlschranks finden Sie in Kapitel 8.

e) Aufbewahrung

Wenn Sie Ihre Küche bereits aussortiert und leer geräumt haben, wissen Sie, was und wie viel sich eigentlich in sämtlichen Schränken mit der Zeit ansammelt. Schwere Utensilien, wie Töpfe und Pfannen gehören am besten in die Unterschränke, wohingegen dem Geschirr meist ein fester Platz in einem Hängeschrank zugewiesen wird und Besteck in einer Schublade landet.

Wichtig jedoch ist: Alles, was Sie täglich brauchen, sollte komfortabel und schnell zu erreichen sein. Beispielsweise Teller und Gläser. Was selten genutzt wird, findet optimalerweise einen Platz ganz oben in der Küchenzeile. Kleinelektronik, die nur spärlich zum Einsatz kommt, wie Mixer oder Handrührgerät, gehört in die Unterschränke.

Leichte Plastikbehälter, die zur Aufbewahrung von bereits gekochten Speisen und angebrochenen Lebensmitteln dienen, werden am besten getrennt von den Deckeln gelagert. So kann Restfeuchtigkeit entweichen und Gerüche im Plastik werden minimiert.

f) Müllentsorgung

Viele sammeln den täglichen Abfall im Schrank unter der Spüle, also im Reinigungsbereich. Dies klingt zunächst einmal logisch, da am Waschbecken häufig Speisen geschält, gewaschen und anderweitig fürs Kochen vorbereitet werden. Anfallender Müll kann so unkompliziert und leicht entsorgt werden, und dass ohne lange Arbeitswege. Was oft jedoch nicht bedacht wird: Der Spülschrank ist häufig feucht und begünstigt deshalb die Bildung von Schimmel und schlechten Gerüchen. Besser ist es daher, Müll in einem gut ventilierten Bereich der Küche aufzustellen, auch wenn Sie für die Entsorgung von Küchenabfällen ein wenig weiter laufen müssen.

Nutzen Sie außerdem verschiedene Behälter für Glas, Papier, Hausmüll etc. Wenn Sie einen Kompost im Garten haben, können verschiedene organische Abfallprodukte auch dort entsorgt werden.

Extra: Streitpunkt Messerblock

Die einen platzieren den Messerblock oder die Magnetleiste mit den scharfen Helferlein gern am Herd oder im Vorbereitungsbereich. Schließlich wird in der Nähe der Kochstelle häufig geschält und geschnitten. Die anderen mögen es lieber, wenn sich die Aufbewahrung für Messer im Reinigungsbereich befindet. So können Schäl-, Brot- und Gemüsemesser nach der Benutzung direkt schonend gereinigt und wieder verstaut werden. Am Ende bleibt es Geschmackssache und ganz Ihnen überlassen. Dies gilt übrigens für alle Geräte und sämtliches Equipment.

3.2.5 Ordnung schaffen und beibehalten

Teller, Tassen und anderes Geschirr lassen sich prima stapeln. Um jedoch nicht unnötig Stauraum zu verschwenden, sollten Sie genau überlegen, wie viele Tassen, Gläser und so weiter sie am Tag tatsächlich benötigen. Oftmals stehen nämlich viel zu viele Trinkgläser, Müslischalen und Teller in unterschiedlichen Größen und Designs in den Hängeschränken, wovon vielleicht 6 oder 8 regelmäßig benötigt werden (je nach Anzahl der im Haushalt lebenden Personen). Die restlichen Teile können also getrost woanders aufbewahrt und nur bei Bedarf (Party, Geburtstag etc.) eingesetzt werden. Möglichkeiten sind zum Beispiel das Esszimmer, die Vitrine oder die Wohnwand im Wohnzimmer, falls dort noch Stauraum übrig ist. Schöne Wein- oder Sektgläser können dort beispielsweise effektvoll präsentieren werden.

Doch auch in **Vorratsschränken** bricht schnell und gern das blanke Chaos aus und angebrochene Nudeltüten, Reisbeutel, Chips, Gewürze, Mehl, Zuckertüten, Schokostreusel und andere Lebensmittel und Verpackungen bewirken ein heilloses durcheinander. Vielen fällt es somit schwer, eine Übersicht über die tatsächlichen Vorräte zu behalten. Die Folge: Beim nächsten Einkauf werden Dinge gekauft, die eigentlich noch im Hause sind. Abhilfe schaffen da stapelbare Vorratsbehälter aus Hartplastik. Im

Optimalfall sind diese durchsichtig oder haben ein Sichtfenster, sodass der Inhalt schnell ersichtlich ist und Sie nicht lange suchen müssen. Blickdichte Behälter können hingegen mit Etiketten oder einem Stift beschriftet werden. Angebrochene Lebensmittel werden in diese Plastikbehälter umgefüllt, bleiben durch den luftdichten Deckel länger frisch und sind außerdem schneller gefunden. Ein weiteres Plus: Ihre Schränke sehen ordentlicher aus und Sie bekommen mehr untergebracht, da Sie je nach Bedarf bis zur nächsten Ablage stapeln können.

Damit Sie sich an Ihr neues Sortiersystem in Schränken, Regalen und Schubladen gewöhnen, sollten Sie, nachdem alles eingeräumt ist, die verschiedenen Ablagen usw. **beschriften**. Am besten geht dies mit einer Etikettiermaschine. Sie können die Schildchen außen an den Türen anbringen oder diskret im Inneren. Nach einer Weile werden Sie sie sowieso nicht mehr benötigen. Denn wenn alles stets an den gleichen Platz zurücksortiert wird, bekommen Sie automatisch eine gewisse Routine.

Hilfreich sind auch **Plastikkörbchen** oder -behälter, in denen beispielsweise kleine Backzutaten aufbewahrt und sortiert werden können. Vanillezucker, Bittermandel- und Rumaroma, Backpulver, Trockenhefe usw. Ebenfalls geeignet sind solche Container für Maggitütchen, Knorr-Fix, Suppentüten, Soßenpulver und andere Fertigprodukte. Auch angebrochene Gewürztütchen und Streuer können so gebündelt aufbewahrt werden. So müssen Sie nicht alle Gläschen und Tütchen im Schrank hin und her schieben, um das richtige Gewürz zu finden, sondern Sie entnehmen einfach das Plastikkörbchen, stellen es auf die Arbeitsfläche und haben die verschiedenen Würzmittel besser im Blick. Eine weitaus elegantere Lösung sind Gewürzkarusselle oder Gewürzkarteien. Es gibt auch Leisten mit Glasbehältern, die sich wunderbar an den Fliesenspiegel montieren lassen. Einfach die Gewürze in die Gläser umfüllen, beschriften und fertig.

Schubladen lassen sich auch nachträglich mit verschiedenen Unterteilungen und Einsetzen organisieren. So gibt es in Zukunft kein langes Kramen mehr nach dem richtigen Utensil und auch Streichhölzer und Flaschenöffner sind schnell zur Hand. Es gibt moderne Besteckkästen, die aus mehreren flachen Ebenen bestehen und sich für leichteren Zugriff einfach verschieben lassen.

Madame Missou Extratipp: Wer Plastik, Gummi und sonstige Behälter mit so genannten „Weichmachern" im Haushalt vermeiden möchte, dem empfehle ich Gefäße aus Glas, Holz, Metall oder auch Pappe. Vieles ist im Baummarkt oder großen Schreibwarengeschäften zu erwerben und sieht obendrein noch wunderschön aus.

3.3 Beleuchtung in der Küche

Die Küche erfüllt verschiedene Zwecke und benötigt demnach auch verschiedene Arten von Licht. Über der Arbeitsplatte und besonders dem Kochfeld und der Spüle brauchen Sie helles Licht und möglichst wenig Irritationen durch Schatten. Halogenlampen produzieren ein sehr helles Licht und sind somit hervorragend geeignet. Am besten werden Sie unter den Hängeschränken oder am Fliesenspiegel montiert. Sie können aber auch ein Schienensystem an der Decke anbringen, das schwenkbare Spots besitzt, die Sie individuell auf Ihre Arbeitsflächen richten. Falls Sie nur begrenzten Platz auf der Küchenzeile haben und bevorzugt am Esstisch Speisen zubereiten, sollten Sie auch dort helles Licht bevorzugen. Ansonsten gehört über den Küchentisch eine Lampe mit eher warmem Licht, denn Sie möchten sicherlich kein grelles Licht wie im Fast Food Restaurant, sondern angenehmes sanftes Licht, das zu gemütlichen Stunden einlädt. Eine Pendelleuchte oder Lampe mit verschiedenen schwenkbaren Armen ist ideal. Sie sollten möglichst die ganze Tischplatte ausleuchten. Hängelampen sollten nicht zu tief montiert werden, sondern gut 70 cm über dem Essplatz hängen. Schön ist auch eine Lampe mit Dimmer. So können Sie nach Bedarf ganz unterschiedliche Stimmungen erzeugen. Ob hell zum Arbeiten und als normales Raumlicht oder sanft für ein romantisches Dinner.

Eine kleine Leuchtquelle in Küchenschränken ist auch eine super Sache. Es gibt Lampen, bei denen das Licht automatisch beim Öffnen der Schranktür angeht. Im

Baumarkt finden Sie jedoch auch selbstklebende, sehr flache und oftmals runde Lampen mit LED-Spots, die Sie per Fingerdruck aktivieren. Sie sind oft schon für ein paar Euro zu haben.

Doch auch wenn die Lichtquelle im Schrank nicht zur Orientierung genutzt wird, kann sie noch einen anderen Zweck erfüllen. Bei Schränken aus klarem oder satiniertem Glas zaubern die Lampen ein wundervoll stimmungsvolles indirektes Licht und setzen den Inhalt gleichzeitig hübsch in Szene.

Ansonsten können Sie mit unterschiedlichen Lampen natürlich noch Akzente setzen. Die Küchenzeile erhält einen futuristischen Look, wenn beispielsweise die Sockelleiste mit einem LED-Band versehen wird. Oder beleuchten sie mit einem Wandspot Ihre Pinnwand, ein Foto oder Gemälde. Auch ein Deckenfluter in der Ecke kann eine hübsche indirekte Lichtquelle sein. Experimentieren Sie einfach ein wenig herum und seien Sie kreativ.

3.4. Die umweltfreundliche Küche

Sie können in Ihrem eigenen Zuhause einiges tun, um die Umwelt und gleichzeitig auch Ihren eigenen Geldbeutel zu schonen.

a. Steht der Kauf eines neuen Elektrogerätes für die Küche an, dann seien Sie bei vermeintlichen Schnäppchen skeptisch und prüfen Sie genau. Denn oftmals besitzen solche Billigangebote eine schlechte Energieeffizienzklasse. Besser ist, bei Neuanschaffungen auf energiesparsame Elektrogeräte umzusteigen.

b. Achten Sie darauf, Ihren Kühlschrank nicht zu voll zu räumen, damit die Luftzirkulation nicht behindert wird. Optimal ist es, Kühl- und Gefrierschränke zu 2/3 zu befüllen. Ebenfalls wichtig sind gute und unbeschädigte Dichtungen und ein perfekter Sitz der Türen. Auch das Gefrierfach sollte regelmäßig abgetaut werden, um dicke Eisschichten zu vermeiden, die ebenfalls für erhöhten Energiebedarf sorgen. Lassen Sie zudem die Kühlschranktür nie über einen längeren Zeitraum auf. Es gibt nachrüstbare kleine Einsätze (wie z.B. lustige Kühlschrankgeister), die mittels Alarm darauf hinweisen, wenn eine gewisse Zeitspanne überschritten wird.

c. Auch der Backofen sollte nicht unnötig lange offen stehen und Herdplatten kann man kurz vor Ende der Garzeit ausschalten oder Speisen auf kleiner Flamme zu Ende köcheln lassen.

d. Schalten Sie die Spülmaschine erst ein, wenn sie gut gefüllt ist. Am Spülbecken sollten Sie niemals unter fließendem Wasser spülen, sondern das Becken volllaufen lassen, Spülmittel hineingeben und hinterher Gläser und Co. bei Bedarf nur kurz abzubrausen.

e. Nutzen Sie Elektrogeräte sinnvoll. Falls Sie sich einen Tee zubereiten wollen, brauchen Sie den Wasserkocher nicht bis zum Rand zu füllen, sondern erhitzen Sie lieber eine entsprechende Menge. Klingt logisch, machen aber ca. 50% der Menschen nicht.

f. Nutzen Sie Töpfe und Pfannen, die für die jeweilige Herdplattengröße geeignet ist. Sind die Töpfe zu groß, werden Speisen nicht richtig warm oder brauchen sehr lange, um erhitzt zu werden. Bei kleinen Pfannen und anderen Behältern gehen hingegen unnötig viel Hitze und Energie verloren.

g. Ziehen Sie bei Toaster, Kaffeemaschine usw. den Netzstecker nach Gebrauch und lassen Sie Geräte nie unnötig lange im Stand-by-Modus.

h. Backofen und Kühlschrank sollten möglichst nicht nebeneinanderstehen, da dies die Stromrechnung in die Höhe treibt, weil die Geräte vermehrt arbeiten müssen.

i. Gehen Sie sparsam mit Reinigungsmitteln um. Nutzen Sie nur so viel Spülmittel, Reinigungstaps, Scheuermilch etc., wie Sie tatsächlich brauchen. All diese Chemikalien landen nämlich im Abwasser und belasten die Umwelt. Aggressive Putzmittel am besten ganz vermeiden und lieber auf Hausmittel, wie Essig umsteigen. Es gibt auch spezielle Mikrofasertücher, die zusätzliche Reinigungsmittel überflüssig machen und zugleich schonend säubern.

j. Ein Einkaufsplan für die ganze Woche verhindert Spontankäufe. Wenn Sie vorab planen, welchen Tag was gekocht wird, kaufen Sie tatsächlich nur Lebensmittel ein, die Sie brauchen. So vermeiden Sie, dass zu viel Obst, Gemüse und Co. bei Ihnen lagern und schließlich ungegessen verderben.

k. Nehmen Sie für Einkäufe einen Korb, eine Stofftüte oder faltbaren Plastikbehälter mit. Diese sind wieder verwendbar und schonen die Umwelt. Falls es doch mal eine Plastiktüte sein muss, können Sie diese zumindest für eine gewisse Zeit wieder verwenden.

3.5. Kleine Reinigungstipps für Elektrogeräte

Die täglichen Helfer stehen häufig auf der Arbeitsfläche, dem Küchentisch, einem Regal oder Servierwagen. Obwohl Sie im Dauergebrauch sind, wird ihrer Reinigung leider nicht so viel Beachtung geschenkt. Jeder von uns hat schon verschiedene Mikrowellen gesehen, die von innen mit Tomatensoße vollgespritzt waren oder völlig verkrustete Backöfen. Dabei kann man mit wenigen Handgriffen und einfachen Tricks Ordnung halten und für ein hygienisches Umfeld in der Küche sorgen. Schließlich essen Sie, was da aus dem Backofen oder Toaster kommt.

3.5.1 Toaster

Er kommt bei Vielen täglich zum Einsatz, bevorzugt natürlich zum Frühstück. Entleeren Sie die Krümelschublade dieses fleißigen Helfers dabei bitte regelmäßig. So können Toast und Brötchenreste erst gar nicht überquellen und sich schließlich unschön rund um das Elektrogerät verteilen. Dies kann Ungeziefer anlocken und sieht gleichzeitig auch unhygienisch aus.

3.5.2 Cerankochfeld und Kochplattenherd

Nehmen Sie Soßenspritzer und andere Kochunfälle schnell mit einem Schwamm oder Lappen auf, denn sie können sonst einbrennen und zu einem wirklich hartnäckigen Problem werden. Ist das Malheur allerdings bereits geschehen, so können Sie je nach Kochfeld, einen Stahlschwamm zur Reinigung heranziehen, einen Ceranfeldschaber oder Scheuermilch. Es gibt auch besondere Reiniger und Pflegemittel für Ceranfelder und andere Kochplatten. Sie bilden oftmals einen Schutzfilm und machen die Oberfläche so unempfindlich gegenüber Fingerabdrücken, Fett und Speisespritzern. Für Essensreste, die sich in der äußeren Umrandung des Ceranfeldes befinden oder in den Rillen rund um die Kochmulden des Elektroherdes können Sie eine Zahnbürste zu Hilfe nehmen. Am besten eine mit harten Borsten. So beseitigen Sie auch Dreck, dem mit Spülschwamm nur schwer beizukommen ist.

3.5.3 Mikrowelle

Benutzen Sie am besten eine Abdeckhaube zum Erwärmen von Speisen. So vermeiden Sie hässliche Spritzspuren im Innenraum und müssen nur kurz die Haube nach Gebrauch reinigen. Für Edelstahlfronten empfiehlt sich außerdem eine besondere Pflegemilch, die Fingerabdrücke minimiert und die Mikrowelle edel und nicht ungepflegt aussehen lässt.

3.5.4 Kaffeemaschine

Bei einigen Kaffeejunkies ist sie im Dauereinsatz und das nicht nur am Morgen. Damit Sie lange Freude an der Maschine haben, ist regelmäßiges Entkalken wichtig. Denn Ablagerungen können die heiß geliebte Kaffeemaschine schädigen und unangenehmen Einfluss auf das Aroma nehmen. Nehmen Sie daher am besten gefiltertes Wasser zur Zubereitung. Auch der Wasserkocher bedarf regelmäßiger Wartung und sollte von Zeit zu Zeit gereinigt werden.

3.5.5 Backofen

Backgut raus, Backofen zu, fertig. So geschieht es in vielen Haushalten. Doch Braten, Kuchen, Hähnchenschenkel und Pommes können einen hässlichen und unhygienischen Fett- und Schmutzfilm im Innenraum hinterlassen. Ist der Backofen noch ein wenig warm, lassen sich Spritzer am besten entfernen. Dafür reich oft schon ein einfacher nasser Lappen mit ein wenig Spülmittel drauf. Anschließend wird mit klarem Wasser nachgewischt und alles abgetrocknet. Für hartnäckige Fälle oder wenn Sie schon lange (wirklich laaaange) resigniert haben, hilft ein Backofenspray. Die Oberflächen damit einsprühen, Backofen schließen, einige Minuten einwirken lassen und anschließend können Sie den Garraum einfach und mühelos auswischen. Anschließend sollten Sie es nie wieder so weit kommen lassen.

3.5.6 Spülmaschine

Damit es zu keiner Geruchsentwicklung kommt, sollten Geschirr und Töpfe vorher von Essensresten befreit werden. Achten Sie auch darauf, nichts in der Maschine zu stapeln und Spülgut sollte sich auch nicht berühren. Ansonsten kann die Waschladung nicht ordentlich gereinigt werden. Dies gilt besonders bei Besteck, denn der hierfür vorgesehene Korb wird oft bis zum Bersten befüllt. Übrigens: Räumen Sie Löffel und Co. am besten mit dem Stiel bzw. Griff nach unten ein. So werden Laffe, Zinken und Klingen am effektivsten gereinigt. Dennoch empfehlen viele Hersteller von Besteck das Spülen per Hand. Der Grund: Die Maschine wird erst bei voller Ladung gestartet.

Lagert das Besteck dort zu lange und befinden sich Essensreste darauf, kann dies zu unschönen braunen Flecken führen.

Reinigen Sie außerdem das Restesieb regelmäßig und geben Sie Plastikbehälter und Utensilien nur in den oberen Reinigungskorb. Im unteren Korb ist die Hitzeentwicklung zu groß und kann zu Verformungen führen.

Zu guter Letzt: Je nach Empfindlichkeit und Menge der Waschladung sollte natürlich ein geeignetes Spülprogramm gewählt werden.

Extratipp: Spüle

Sie ist zwar kein Elektrogerät aber dennoch ein wichtiges Arbeitsgerät in der Küche. Besonders in diesem sogenannten Reinigungsbereich ist verstärkt auf Hygiene zu achten. Bakterien und andere Erreger sammeln sich nämlich gerne auf Putz- und Spüllappen. Alle Schwämme sollten daher regelmäßig ausgetauscht oder in der Waschmaschine mitgewaschen werden. Benutzen Sie außerdem ein Sieb in der Spüle, damit Essensreste nicht in den Abfluss gelangen und womöglich unangenehme Gerüche entstehen. Säubern und trocknen Sie nach Gebrauch Spüle und Abtropffeld. Notfalls hilft Essig oder Rohrfrei.

3.6. Arbeitsflächen und Stauraum effektiv erweitern

Wenn Sie eine neue Küche planen, stehen Ihnen zahlreiche Möglichkeiten zur Verfügung, wie Sie Ihr neues Schmuckstück des Hauses rückenschonend planen und möglichst viel Stauraum und Arbeitsfläche schaffen. Heutzutage gibt es gerade im Wohn- und Arbeitsbereich Küche viele hilfreiche Innovationen und ganz viel Hightech. Doch oft muss sich Mann oder Frau mit einer einfachen Küchenzeile zufriedengeben. Doch seien Sie unbesorgt. Auch kleinen Küchen kann in puncto Arbeitsfläche und Stauraum kräftig nachgeholfen werden.

3.6.1 Sockelschubladen

Sockelschubladen lassen sich auch wunderbar nachträglich in Küchen einbauen und schaffen zusätzlichen Stauraum. Hier finden Servierplatten, Backbleche, Brettchen und andere flache Utensilien einen geeigneten Platz.

3.6.2 Mikrowelle

Falls Ihre Mikrowelle auf der Arbeitsplatte steht und dadurch viel Stellfläche wegnimmt, überprüfen Sie, ob sich das Modell nicht auch unter einem Hängeschrank anbringen lässt. So zaubern sie ruck zuck eine ganze Menge freie Arbeitsfläche.

3.6.3 Hängeschränke nach oben erweitern

Falls Sie bereits deckenhohe Einbauschränke in der Küche Ihr Eigen nennen, können Sie diesen Punkt getrost überspringen. Sind die oberen Schränke aber recht klein und darüber noch Platz nach oben, kann diese Lücke mit weiteren Hängeschränken gefüllt werden. Natürlich sollten dort anschließend nur Dinge gelagert werden, die Sie selten nutzen. Wie das Raclette, welches Sie vielleicht nur zu Silvester hervorkramen.

3.6.4 Schienensysteme über der Arbeitsfläche

Die Lücke zwischen der Arbeitsplatte und den Hängeschränken lässt sich mit einem Schienensystem optimal nutzen. An solch ein System können Haken, kleine Körbe und Abstellflächen angebracht werden, die Küchenutensilien, Alufolie, Handtücher, Gewürze und Suppenkelle aufnehmen und somit gekonnt von der Arbeitsplatte verschwinden lassen. So haben Sie prompt mehr Platz zum Schneiden, Kneten und Schälen. Ein weiteres Plus: Ein solches System ist übersichtlich und leicht zugänglich. Für Messer eignen sich zudem auch hervorragend Magnetleisten, die ganz einfach am vorhandenen Fliesenspiegel angebracht werden können.

3.6.5 Tote Ecken in Stauraumwunder umwandeln

Hat Ihre Küche einen L- oder sogar U-förmigen Grundriss, so entstehen zwangsläufig sogenannte tote Ecken. Nämlich dort, wo zwei Hänge- oder Unterschränke in den Ecken aufeinandertreffen. Wer hier im tiefsten Winkel Utensilien verstaut, wird diese wohl kaum oder sogar nie wieder hervorholen. Besonders dann nicht, wenn noch andere Geräte davor stehen. Moderne Küchenplaner bieten bereits gekonnte Lösungen für diese Ecken, doch auch alte Küchen können ohne großen Aufwand nachgerüstet werden. Ein drehbares Karussell beispielsweise nimmt viele Vorräte, Töpfe und andere Utensilien auf und alles ist im Handumdrehen zu erreichen. Auch Ablageböden, die nach außen geschwungen werden und selbst auf die hintersten Gegenstände Zugriff bieten, sind eine großartige Alternative.

3.6.6 Kein Platz für einen Esstisch?

In Mietwohnungen findet man leider häufig schmale und sehr kleine Räumlichkeiten für die Küche vor, in die außer der Einbauzeile kaum etwas hineinzupassen scheint. Doch ein kleiner Trick kann helfen, einen Platz für das morgendliche Frühstück und gleichzeitig mehr Arbeitsfläche zu zaubern. Denn die meisten Küchen haben ein Fenster und darunter befindet sich normalerweise der Heizkörper. Dieser ist frei zugänglich und nur in den seltensten Fällen verbaut. Ein idealer Platz, um einen kleinen klappbaren Tisch darüber anzubringen. Dieser kann halbrund oder eckig sein und lässt sich problemlos im Baumarkt auf die gewünschte Größe zuschneiden. Doch was wäre ein Esstisch ohne Stühle? Einfache Klappstühle bieten bei Bedarf eine bequeme Sitzgelegenheit und lassen sich bei Nichtgebrauch problemlos und leicht verstauen. So müssen Sie nicht im Stehen Ihren Kaffee genießen oder essen, und haben außerdem mehr Platz für Vorbereitungen.

3.6.7 Auslagern

Nicht alle Geräte und Vorräte müssen auch tatsächlich in

der Küche gelagert werden. Ein Wasserkasten nimmt beispielsweise viel Platz ein und gehört darum am besten in den Keller, falls einer vorhanden ist. Auch Konserven oder noch eingeschweißte Nudeln und andere originalverpackte Lebensmittel können unbedenklich einen anderen Platz in der Wohnung oder im Haus finden. Ein schmales Regal im Abstellschrank leistet gute Dienste oder ein kleiner Vorratsraum im Keller. Manchmal ist auch ungenutzter Stauraum unter der Treppe vorhanden. Selbst im Flur lässt sich bei ausreichend Platz ein multifunktioneller Spind aufstellen, der neben Jacken und Kleidung auch Konservendosen, Tetrapacks, Milchtüten und Fertiggerichte unterbringt. Achten Sie jedoch darauf neue Lebensmittel immer hinter den alten zu lagern, damit ältere Produkte zuerst aufgebraucht werden. Kontrollieren Sie auch regelmäßig die Vorräte auf Mindesthaltbarkeit.

Gleiches gilt übrigens auch für die Lagerung von Elektrogeräten und sperriges und selten genutztes Geschirr. Der Tischgrill zum Beispiel stiehlt eine Menge Stauraum, große Servierplatten und die Bowleschüssel ebenso. Auch Raclette oder Fondue werden selten genutzt und können getrost ausgelagert werden. Auch hier eignet sich der Keller oder gar der Dachboden.

Falls Sie besonders hochwertiges oder schönes Geschirr besitzen, das jedoch nur zu Feierlichkeiten oder sehr selten zum Einsatz kommt, können Sie dieses im Wohnzimmer gekonnt in Szene setzten. In einer Vitrine oder einem Geschirrschrank kann es bewundert werden und der frei gewordene Stauraum in der Küche kann dafür mit anderen, häufiger in Gebrauch genommenen Dingen gefüllt werden.

3.6.8 Mehr Einlegeböden

Viele Küchenschränke haben oftmals nur einen einzigen Einlegeboden. Spülunterschränke manchmal sogar gar keinen. Dem kann Abhilfe geschafft werden. Im Baumarkt bekommen Sie problemlos weitere Böden zu kaufen. Diese müssen oft noch nicht einmal zurechtgeschnitten werden, da Einbauschränke von Küchenzeilen genormt sind. Wer nicht bohren möchte oder kann, hat die Möglichkeit Körbe und Ablageflächen zu kaufen, die einfach an bereits vorhandene Einlegeböden mit einer Metallschiene eingehangen bzw. eingeschoben werden. Achten Sie darauf, dass die Metallstreben der Körbe flach und nicht abgerundet sind, ansonsten können darauf gelagerte Sachen leicht kippeln. Diese zusätzlichen Stellflächen eignen sich hervorragend für Kleinkram wie Backzutaten oder Kaffeetassen. Falls Sie normalerweise Ihre Dessertteller immer auf die Essteller stapeln und nach jedem Essen und Spülen das Balancieren und Kramen losgeht, bieten die Körbe auch hier eine super Lösung. Achten Sie allerdings darauf, den zusätzlichen Stauraum nicht zu schwer zu beladen. Die Körbe können sich dann nämlich nach hinten absenken.

Wer im Spülenunterschrank nicht bohren möchte, kann dort ein kleines Regal aus Metall anbringen und Töpfe und Pfannen übersichtlich sortieren, anstatt zu stapeln.

3.6.9 Zusätzliche Arbeitsfläche schaffen

Im Möbelgeschäft, Küchenfachhandel und Baumarkt finden Sie einfache Helfer, um Ihre knapp bemessene Arbeitsfläche zu erweitern. Zum einen gibt es spezielle Abdeckplatten (meist aus Glas oder Holz) für Herd und Ceranfeld. Wenn Platz zur Vorbereitung rar ist und es auch keinen Küchentisch gibt, kann hier sorglos geschnippelt und geschält werden, bevor man mit dem eigentlichen Kochen loslegt. Die Abdeckungen aus Glas bestehen oft aus zwei Hälften, sodass man auf der einen schneiden und vorbereiten kann, während man die zweite wegnimmt und auf den nun freiliegenden Herdplatten kocht. Ähnliche Schneidebretter und Abdeckungen gibt es zudem auch für die Spüle. Bei Nichtgebrauch kann man die Platten an die Rückseite des Herdes oder der Spüle stellen.

3.7. Alte Küchen optisch aufwerten

Wenn Sie das Großprojekt Küche schon in Angriff nehmen, lohnt es sich allemal darüber nachzudenken, ob nicht das ein oder andere Detail ausgetauscht werden könnte. Mit ein wenig handwerklichem Geschick können Sie Ihrer Küchenzeile einen gänzlich neuen Look verpassen und dies oft schon für kleines Geld. Falls Sie um Ihre Gesundheit oder Einrichtung bangen, wenn Sie selbst Hammer, Bohrmaschine oder Säge schwingen, tut es auch ein talentierter Papa, Ehemann oder Freund.

Wie und was Ihre Küche optisch aufwerten lässt, erklärt Ihnen Madame Missou im folgenden Kapitel.

3.7.1 Küchenfronten

Haben Ihre Küchenschränke den Eiche-rustikal-Look und Sie wünschen sich ein mehr zeitgemäßes Aussehen, so lassen sich die Türen Ihrer Einbauküche problemlos gegen modernere Fronten austauschen. Wichtig dabei ist nur, dass der Korpus noch in gutem Zustand ist. Überprüfen Sie bei dieser Gelegenheit auch gleich die Türscharniere auf Funktionalität und ob die derzeitige Position auch für die neuen Türen geeignet ist. Ansonsten muss ein Bohrer zum Einsatz kommen.

Es gibt mittlerweile auch schicke Folien in verschiedenen Designs, die über die alten Fronten einfach drübergeklebt werden. Hier ist jedoch ein wenig Geschick gefragt, damit es nicht zu unschöner Blasenbildung kommt.

Ein wenig aufwendiger ist da schon das Überstreichen der

alten Schränke. Dies funktioniert allerdings nicht mit allen Materialien und oftmals muss die alte Schicht vorher abgeschliffen werden. Erkundigen Sie sich vorher im Fachhandel, ob Ihre Schränke für einen Anstrich geeignet sind. Für Melamin-Küchenfronten gibt es beispielsweise Speziallacke zu kaufen und Holztüren lassen sich häufig mit Acryllack gut farblich umgestalten.

3.7.2 Arbeitsplatte

Ist Ihnen das Wechseln der Küchenfronten zu aufwendig, so schlendern Sie doch einmal durch den Baumarkt oder Küchenfachhandel und sehen Sie sich verschiedene Arbeitsplatten an. Ob Granit, Glas, Keramik, Marmor, Acryl, Echtholz, Edelstahl oder Laminat … Es gibt so viele verschiedene Modelle und Farben, dass bestimmt auch etwas Passendes für Sie dabei ist. Zaubern Sie eine gänzlich neue Atmosphäre in Ihre Küche. Elegant, verspielt oder puristisch. Allein durch das Auswechseln der Arbeitsplatte bekommt der Raum gleich mehr Pfiff und wirkt viel frischer. Doch Vorsicht: Bei Arbeitsflächen aus Stein oder Edelstahl sollte besser der Fachmann die Aussparungen für Spüle und Co. vornehmen.

3.7.3 Es werde Licht!

Langweilige Küchen kann man auch mit schöner Beleuchtung gekonnt ins rechte Licht rücken. Ob Sie einfach nur die Deckenlampe austauschen oder moderne LED-Spots über der Arbeitsfläche anbringen, ist Ihnen überlassen und reine Geschmackssache. Wer es extravagant mag, kann auch selbstklebende LED-Bänder auf der

Sockelleiste anbringen oder auf den Hängeschränken. Dabei muss es ja nicht immer nur weiß sein, sondern experimentieren Sie ruhig mit Farben oder wählen gleich LEDs, die mittels Fernbedienung eine gewünschte Farbe annehmen.

3.7.4 Neue Türgriffe

Eine kleine Maßnahme mit großer Wirkung und dazu noch kostengünstig. Tauschen Sie alte und kaputte Griffe von Hängeschränken, Schubladen und Co. durch verspielte, geometrische oder farbige Knaufe und Henkel aus. So setzen Sie schöne, elegante oder witzige Akzente. Sie können auch völlig verschiedene Formen je Tür nehmen oder helle Küchenfronten mit bunten Griffen aufpeppen.

3.7.5 Fliesenspiegel erneuen

Keine Sorge, Sie müssen den Fliesenspiegel nicht gleich abschlagen, um dem Bereich zwischen Arbeitsplatte und Hängeschränken einen neuen Look zu geben. Sie können genauso gut die neuen Fliesen auf die alten draufkleben. Wer dafür kein Geschick hat, kann die Kacheln auch mit Lack überstreichen. Doch Vorsicht: Leben Sie in einer Mietwohnung, sollten Sie solche Änderungen besser mit dem Vermieter absprechen und sich genehmigen lassen. Denn beide Verfahren sind nicht rückgängig zu machen.

Falls Ihr Vermieter sich quer stellt, haben Sie jedoch immer noch andere Möglichkeiten, einen hässlichen Fliesenspiegel gekonnt zu verstecken. Buntes Sicherheitsglas lässt sich wunderbar vor den Kacheln montieren und auch eine

Edelstahlabdeckung kommt infrage. Dabei ist Glas eindeutig die pflegeleichtere Variante, denn auf Edelstahl bleiben oft Fingerabdrücke, Fett und anderer Schmutz besser sichtbar.

3.8. Der Kühlschrank

Es ist schon seltsam: Da putzen und scheuern wir täglich das Bad, reinigen regelmäßig die Fußböden, wischen Staub und waschen Geschirr, doch was ist mit unserem Kühlschrank? Hand aufs Herz: Wie häufig kontrollieren Sie die Lebensmittel auf Haltbarkeit, tauen Ihren Gefrierschrank ab oder wischend das Innenleben des Kühlraumes aus? Sie haben gerade verschämt auf den Boden geblickt? Dann geht es Ihnen wie den meisten. Denn die Pflege des Kühlschranks wird leider oftmals vernachlässigt, dabei ist gerade hier Sauberkeit so wichtig. Lagern wir doch hier die verderblichen Lebensmittel. Häufig sogar offen und ohne Abdeckung. Da können sich Keime und Erreger schnell ausbreiten. Zudem kostet ein nicht ordentlich gewarteter Kühlschrank richtig Geld, denn vereiste Gefrierschränke, undichte Gummidichtungen und falsch platzierte Kühl- und Gefriergeräte fressen Strom und treiben die nächste Rechnung nicht unerheblich in die Höhe.

Damit Sie also Energiekosten sparen und Ihre Lebensmittel optimal und hygienisch lagern, gibt Ihnen Madame Missou im nun folgenden Abschnitt ein paar hilfreiche Tipps.

3.8.1 Kühlschrankreinigung

Sie sollten sich einen festen Tag im Monat für die Reinigung des Kühlschrankes reservieren. Beispielsweise immer der erste Samstag im Monat. Entnehmen Sie alle Lebensmittel und prüfen Sie diese gleichzeitig auch auf ihr Haltbarkeitsdatum. Nach Möglichkeit sollten sie in einem zweiten Kühlschrank zwischengelagert werden. Falls es diesen nicht gibt, nutzen Sie eine große Kühltasche oder bringen Sie Lebensmittel in den kühlen Keller. Sie können auch einen lieben Nachbarn fragen, ob Sie für besonders leicht verderbliche Sachen seinen Kühlschrank kurz benutzen dürfen.

Schalten Sie nun das Gerät aus, um nicht unnötig Strom zu verbrauchen und ziehen Sie auch gleich den Netzstecker. Entnehmen Sie die Einlegeböden und Gemüseschubladen. Vergessen Sie bitte nicht die Ablagen an der Türinnenseite sowie den Eierbehälter und das Butterfach. Spülen Sie alles von Hand oder gegebenenfalls in der Maschine und trocknen es hinterher gründlich ab.

Für den Innenraum reich lauwarmes Wasser mit ein wenig Spülmittel zur Reinigung vollkommen aus. Aggressive Putzmittel können mitunter das Plastik oder die Gummidichtung angreifen und so das Gerät beschädigen. Benutzen Sie ein neues Schwammtuch zum Durchwischen und keinesfalls den bereits im Gebrauch befindlichen Spülschwamm. An diesem haften womöglich Speisereste, und Keime können sich so schnell wieder im Kühlschrank ausbreiten. Reinigen Sie den Innenraum und die Tür von oben nach unten und vergessen Sie auch die Dichtung nicht. Verklebte oder poröse Gummidichtungen sollten schnellstens gesäubert oder ausgetauscht werden, um unnötigen Wärmeaustausch zu vermeiden und Stromkosten einzusparen. Ab und an können Sie die Dichtungen mit ein wenig Talkumpuder einreiben. Zur gründlichen Reinigung von Rillen und schwer zugänglichen Stellen leisten saubere

Pfeifenreiniger gute Dienste. Schaschlikspieße oder Kabelbinder funktionieren auch sehr gut. Vergessen Sie auch die Ablaufrinne für das Kondenswasser nicht. Prüfen Sie, ob sie womöglich verstopft ist, und reinigen Sie diese gegebenenfalls. Auch hier ist ein Pfeifenreiniger oder ein Wattestäbchen hilfreich. Zuviel Kondenswasser im Innenraum kann ein Hinweis auf eine schlecht sitzende oder defekte Dichtung sein, oder die Türe schließt nicht richtig.

Ist der Kühlschrank einmal leer, empfiehlt es sich ihn zu verrücken und die äußere Rückseite bzw. die dort befindlichen Lamellen gleich mit zu säubern. Hier lagert sich besonders gerne Staub ab. Natürlich sollten auch die anderen Außenwände, die Türe und die Oberseite des Kühlschranks abgewischt und abgetrocknet werden.

Anschließend können die Ablagen wieder an ihren Platz und die Lebensmittel zurück in den Kühlraum. Achten Sie dabei bitte darauf, den Kühlschrank nicht bis auf den letzten Winkel vollzupacken. Die Luft sollte gut zirkulieren können, da die Kühlleistung ansonsten herabgesetzt wird.

Extratipp: Abtauen

Wenn Sie zudem einen Gefrierschrank oder eine Kühl-Gefrier-Kombination Ihr Eigen nennen, noch ein paar hilfreiche Tipps zum Abtauen:

- Mindestens ein bis zweimal im Jahr sollten Sie das Eisfach abtauen. Eine dicke Eisschicht im Gefrierschrank mindert den Stauraum und treibt zudem die Stromrechnung unnötig in die Höhe.

- Fangen Sie Schmelzwasser mit der Gemüseschale Ihres Kühlschranks auf oder legen Sie ein altes Handtuch vor den Gefrierschrank
- Eine besonders dicke Eiskruste lässt sich leichter lösen, wenn Sie etwas Haushaltssalz auf die betroffenen Stellen streuen und einwirken lassen. Mit einem Lappen oder (in extremen Fällen) Eisschaber lassen sich hartnäckige Eisschichten anschließend gut lösen.
- Eine Schale mit heißem Wasser im Innenraum kann den Schmelzvorgang beschleunigen.

3.8.2 Wenn der Kühlschrank innen schlecht riecht

Ist der Kühlschrank erst mal richtig gesäubert und durchgewischt, löst sich schlechter Geruch meistens von selbst. Achten sie jedoch darauf, dass stark riechende Lebensmittel, wie Fisch oder bestimmte Käsesorten, in luftdichten Behältern aufbewahrt werden. Dies verhindert ein Ausbreiten und Übertragen des Geruchs auf andere Lebensmittel und schont ihre Nase ebenso.

Ursachen für moderiges Aroma im Kühlraum können sein:

- Die Kondensrinne ist verstopft oder etwas ist hineingetropft, das anfängt zu schimmeln.
- In kleinen Rillen und dünnen Nischen haben sich Speisereste angesammelt, die vergammeln.
- Die Gummidichtung ist möglicherweise porös und auch hier entstehen Keime und schlechte Düfte.
- Lebensmittel werden offen gelagert und es kommt

zur Ausbreitung von unangenehmen Gerüchen.

- Die Plastikverkleidung von alten Kühlgeräten nimmt häufig schneller Gerüche an, als neue Kühlschränke. Dies liegt an der Abnutzung der Oberflächen.
- Ein bestimmtes Produkt hat seine Haltbarkeit überschritten und wurde schlichtweg vergessen zu entfernen oder der Kühlschrank ist so vollgestopft, dass es nicht ersichtlich ist, von wo der Gestank kommt.
- Unter dem Kühlschrank wird selten sauber gemacht. Schauen Sie nach, ob Essensreste womöglich darunter gelangt sind, und putzen Sie diese Fläche gegebenenfalls.

Wenn alles nichts helfen sollte, gibt es im Handel Geruchsneutralisierer zu kaufen. Eine Schale mit Zitronenscheiben leistet aber auch gute Dienste oder ein paar Zimtstangen. Bei Bedarf hilft auch ein Spritzer Essigreiniger beim Auswischen. Wenn möglich, sollte jedoch immer die Ursache für das Problem gefunden und behoben werden.

3.8.3 Was lagert am besten wo?

Wussten Sie, dass Ihr Kühlschrank verschiedene Temperaturzonen hat? Ganz oben ist es am wärmsten, wohingegen nach unten hin die Temperatur stetig abnimmt (Ausnahme Gemüsefach). Die Ablage über dem Gemüsefach ist am kältesten. Wenn Sie wissen, wo welche Lebensmittel am besten aufbewahrt werden, bleiben diese länger frisch. Außerdem finden Sie alles, was Sie zum

Kochen benötigen schnell wieder, wenn es einen festen Platz im Kühlraum hat.

Besitzen Sie ein modernes Gerät mit Ventilator, so können Sie gerade gekaufte Lebensmittel beliebig in den Innenraum packen. Die dynamische Ventilation sorgt dafür, dass im gesamten Kühlschrank die vorgegebene Temperatur immer eingehalten wird.

Hier eine Übersicht über die verschiedenen Klimazonen und welche Lebensmittel dort am besten lagern:

Das Obst- und Gemüsefach:

Wie der Name schon verrät, werden hier Gemüse und Co. aufbewahrt. Dank der Glas- oder Plastikabdeckung werden die Lebensmittel vor Feuchtigkeit bestens geschützt und genießen in der Schublade die eher milderen Temperaturen um die 8-10 Grad Celsius. Gelagert werden können hier bedenkenlos:

Salate, Kohlsorten, Lauchzwiebel, Kräuter, Karotten, Porree, Äpfel und Pilze.

Die Ablage über den Gemüseschubladen:

Da es hier am kältesten ist, sollten leicht verderbliche Lebensmittel hier ein kühles Zuhause finden. Dazu zählen Fisch- und Fleischprodukte sowie Wurstwaren und Meeresfrüchte.

Das mittlere Fach:

Sämtliche Milchprodukte gehören auf diese Ablage: Joghurt, Frischmilch, Frischkäse, Käseaufschnitt, Crème fraiche, Sahne, Quark sowie unangebrochene Salami- oder Schinkenverpackungen.

Das obere Fach:

Hier ist das Klima wieder etwas milder. Der Temperaturunterschied zur Ablage über dem Gemüsefach kann bis zu 7 Grad betragen. Demnach sollten eher unempfindliche Lebensmittel einen Platz dort finden, die keiner starken Kühlung bedürfen. Bereits gekochte Speisen, noch originalverpackter Käse, Butter, Marmelade, Soßen wie Ketchup oder Senf, Geräuchertes und blanchiertes Gemüse.

Das Tiefkühlfach:

Hier lagern Sie am besten Fisch-, Fleisch- und Geflügelprodukte, Tiefkühlwaren und gefrorene Fertigprodukte wie Pommes frites. Auch übrig gebliebener Kuchen und Brot können dort bestens aufbewahrt werden, sowie einige Obst und Gemüsesorten. Besonders wasserhaltiges Obst und Gemüse eignet sich jedoch nicht zum Einfrieren. Dazu zählen beispielsweise Erdbeeren oder Tomaten. Sie werden beim Auftauen schnell matschig.

Die Kühlschranktür:

Hier herrschen Temperaturen um die 10 Grad. Folgende Lebensmittel lassen sich in den Türfächern demnach am besten lagern:

Angebrochene Getränkeflaschen und Saftpackungen, offene Gurken- oder Olivengläser, Soßen, Marmelade, Butter im eigens dafür vorgesehen Fach, sowie Eier. Diese haben oftmals auch eine spezielle Vorrichtung in der Tür und sollten stets mit der Spitze nach unten gelagert werden.

Extratipp: Was gehört nicht in den Kühlschrank?

Achtung! Folgende Lebensmittel sollten gar nicht erst im Kühlschrank landen:

Bananen, Ananas, Mangos, Nüsse, Zitrusfrüchte, Melonen, Zwiebel und Knoblauch, Kartoffeln, Avocados, Kiwi und Brot.

3.9. Spezial: Sicherheit für Kinder

Messer, heiße Herdplatten, Backofen, Elektrogeräte, Abfall, Steckdosen... In der Küche gibt es allerlei Gerätschaften und potenzielle Gefahrenquellen für Kinder. Damit sich die Kleinen unbesorgt in der Küche aufhalten können, hat Madame Missou ein paar Tipps für Sie, um den Mittelpunkt des Hauses kindgerecht zu gestalten. Denn nichts lieben kleine Kinder so sehr, wie Mama beim Backen und Kochen zu helfen. Leider lässt dieser Arbeitseifer oft nach, wenn aus den Kleinen schließlich Jugendliche werden, aber mit zunehmendem Alter sinken gleichzeitig auch die Gefahren und mögliche Unfälle, die in der Küche passieren können.

Was gibt es also zu beachten, damit Ihre Kinder sich unbesorgt in der Küche aufhalten können?

3.9.1 Küchenmesser

Sie sind in jeder Küche unerlässliche Helfer und kommen tagtäglich zum Einsatz. Oftmals werden Sie in Schubladen oder Messerblocks gelagert. Beides ist nicht ganz ungefährlich. Platzieren Sie einen Messerblock immer so, dass Kinder ihn nicht erreichen können. Am besten auf einer erhöhten Ablage oder vielleicht sogar besser in einem der oberen Hängeschränke. Falls Sie Messer und andere scharfe Geräte in Schubladen aufbewahren, empfiehlt sich eine Auszugssperre. Sie kostet oft nur ein paar Euro, kann einfach nachgerüstet werden und verhindert, dass Kleinkinder Schubladen selbstständig öffnen können. Nutzen Sie eine Magnetleiste für die scharfen Helferlein, achten Sie darauf, dass Sie hoch genug angebracht ist.

Lassen sie Messer auch nie lange in der Spüle oder Spülmaschine liegen. Besser: Sofort abwaschen und wieder gut und sicher verstauen.

3.9.2 Elektrogeräte

Lassen Sie wirklich nur auf der Arbeitsfläche stehen, was Sie jeden Tag nutzen. Beispielsweise Toaster oder Kaffeemaschine. Sind diese Geräte nicht in Betrieb, ziehen Sie vorsichtshalber den Netzstecker. Lassen Sie Kinder die Elektrogeräte nie ohne Aufsicht bedienen oder verbieten Sie die Nutzung gegebenenfalls sogar komplett. Besonders dann, wenn Sie noch nicht selbstständig und gefahrlos benutzt werden können.

3.9.3 Backofen und Herd

Ob leckere Plätzchen im Ofen backen oder heiß geliebte Spaghetti mit Tomatensoße auf dem Herd köcheln: Kinder lieben es, in der Küche mit anzupacken, in Töpfe zu gucken, Soßen umzurühren oder den Backvorgang zu verfolgen. Doch kleine Hände haben am heißen Herd nichts zu suchen. Schnell sind die Finger oder sogar mehr verbrannt. Gestatten Sie den Kleinen darum nur zu helfen, wenn Sie die Aufsicht haben, und lassen Sie Kinder unter keinen Umständen mit heißen Töpfen oder dem eingeschalteten Backofen allein. Auch nicht kurz.

Spezielle Schutzgitter können nachträglich angebracht werden und helfen, kleine Hände von den Herdplatten fernzuhalten. Drehen Sie beim Kochen auch den Stiel von

Pfannen und Töpfen Richtung Fliesenspiegel, sodass sie nicht gegriffen und vom Herd heruntergerissen werden können. Nach Möglichkeit sollten Sie am besten die hinteren Herdplatten benutzen.

Abdeckungen für die Bedienelemente des Herdes verhindern zudem gar ein selbstständiges Betätigen der Knöpfe zum Aktivieren der einzelnen Platten oder des Ofens. Damit Kinderhänden auch der Kontakt zum heißen Backofenfenster verwehrt wird, werden im Handel ebenfalls spezielle Gitter angeboten, die einfach vor dem Sichtfenster installiert werden. Und vor ungewolltem Öffnen des Ofens lässt sich nachträglich ein Türstopp anbringen.

Falls Sie einen Gasherd besitzen, sollten Sie auch Streichhölzer oder Feuerzeuge nicht frei herumliegen lassen. Selbst spezielle Gasherdanzünder die einen Funken erzeugen sind nicht ganz ungefährlich und sollten sorgfältig aufbewahrt werden.

3.9.4 Putz- und Reinigungsmittel

Der Bodenreiniger ist so schön rosa, das Spülmittel grün und die Tabs für die Geschirrspülmaschine sehen aus wie Brausebonbons. Was für uns schlicht Reinigungsmittel sind, wirkt auf Kinder oft verführerisch. Warum nicht mal die bunte Flüssigkeit probieren? Im schlimmsten Fall kann anschließend nur noch der Arzt helfen. Zu allem Unglück lagern diese gefährlichen Putzmittel häufig frei zugänglich unter der Spüle. Falls Sie also Kinder zu Hause haben, schließen Sie Spülmittel und Co. besser in einen Schrank oder lagern Sie diese weit oben, wo Kinder sie nicht erreichen können.

3.9.5 Kühlschrank

Was an einem Kühlschrank gefährlich ist? Nun, Sie sehen ihn vermutlich nur als Aufbewahrungsort verderblicher Lebensmittel, doch auf Kinder kann er magisch anziehend wirken. Hier lagern leckere Dinge, Eis und Fruchtjoghurts und er ist ein prima Ort, um sich zu verstecken. Wenn es im Sommer heiß draußen ist, bietet der Kühlschrank angenehme Temperaturen und verleitet möglicherweise dazu, einfach mal hineinzuklettern. Dies kann zum Verhängnis werden. Madame Missou erinnert sich daran, dass abschließbare Kühl- und Gefrierschränke früher beinahe Standard waren. Heutzutage haben nur noch wenige Modelle diesen Vorzug. Falls Ihr Kühlgerät also kein Schloss hat, können Sie ein breites flexibles Gummiband um den Schrank spannen oder einen Kühlschrankriegel nachrüsten.

3.9.6 Steckdosen

Nicht nur in der Küche überaus wichtig, sondern eigentlich im gesamten Haushalt. Sichern Sie Steckdosen mit speziellen Kindersicherungen. Es gibt die Variante, wo Sie den Netzstecker nur durch eine Drehbewegung in die Buchse stecken können, oder Sie können die Sicherung mithilfe des Netzsteckers aus der Dose entfernen. Bei der zweiten Möglichkeit dürfen Sie anschließend nicht vergessen, die Kindersicherung wieder zurückzustecken.

3.9.7 Alkoholische Getränke

Der Kasten Bier in der Küche oder eine Flasche Wein sind nichts Ungewöhnliches. Alkohol hat in Kinderhänden jedoch nichts zu suchen. Bewahren Sie Flaschen darum unzugänglich für Kinder auf. Auch bei Lagerung im Kühlschrank ist darauf zu achten, dass sie von den Kleinen nicht erreicht werden können.

3.9.8 Plastiktüten

Nach dem Einkauf werden Plastiktüten oft arglos irgendwo hingelegt. Viele haben im Haushalt eine große Plastiktüte, in die andere dieser Einkaufhelfer einfach hineingestopft werden. Doch für Kinder können diese bunten Plastiktüten einen besonderen Reiz haben. Farbenfroh sind Sie, manche haben lustige Motive und es raschelt und knistert ganz toll. Doch solche Tüten können schnell zur Falle werden: Über den Kopf gestülpt droht Erstickungsgefahr. Besonders bei den ganz Kleinen, die sich möglicherweise nicht schnell genug daraus befreien können. Verwahren Sie Einkauftüten darum sicher auf oder nutzen Sie einen großen Korb für Ihre Einkäufe. Das schont zudem die Umwelt.

3.9.10 Konservendosen

Mais, Ravioli, Würstchen, Suppen. Gerade wenn es mal schnell beim Kochen gehen muss, wird gerne auf Konserven zurückgegriffen. Damit es jedoch für Groß und Klein zu keinerlei Schnittverletzungen kommen kann, gehören leere Dosen sofort in den Müll. Zudem ist eine Aufbewahrung von angebrochenen Konserven im

Kühlschrank nicht zu empfehlen. Das Metall der Konservendose verfärbt sich mit der Zeit braun und verdirbt die darin befindlichen Lebensmittel. Natürlich besteht auch weiterhin die Gefahr einer Schnittwunde. Besser, Sie füllen Reste in geeignete und lustdichte Plastikbehälter um oder kaufen Dosenöffner, die keine scharfen Kanten produzieren.

3.9.11 Spülmaschine

Genau wie der Kühlschrank ist auch die Spülmaschine in Kinderaugen ein super Ort, um sich zu verstecken. Auch hier gibt es Sicherheitsriegel zu kaufen, die ein eigenständiges Öffnen der Frontklappe verhindern.

3.9.12 Wasserkocher und Durchlauferhitzer

Damit es nicht zu Überschwemmungen in der Küche kommt, schlimmen Verbrühungen oder gar Elektroschocks, sollten solche Geräte sicher aufbewahrt bzw. fest zugedreht werden und keinesfalls von kleinen Kinderhänden bedient werden. Besondere Vorsicht ist bei der Spüle geboten. Falls sehr heißes Wasser aus der Leitung kommen kann, greifen Sie auf einen Verbrühschutz zurück. Dieser sorgt dafür, dass eine vorgegebene Temperatur nicht überschritten wird. Auch Ihre Hände werden es Ihnen sicher danken.

3.9.13 Was sonst noch?

In Kinderhänden können Gewürze einigen Schaden anrichten. Pfeffer kann schnell beim Spielen in die Augen gelangen, ganze Pfefferkörner sogar in der Nase stecken bleiben. Oder es werden sehr scharfe Gewürze wie das schöne rote Chilipulver verschluckt. Also: Für Kinder unbedingt unzugänglich aufbewahren!

Natürlich gilt das gleiche für Medikamente. Diese gehören aus Sicherheitsgründen am besten in ein verschlossenes Schränkchen. Denn genau wie beim Putzmittel haben Pillen und andere Medikamente oft bunte Farben und ähneln im Aussehen nicht selten Bonbons. Dies kann ein verheerender Fehler mit möglicherweise tödlichem Ausgang sein.

Heiße Töpfe sollten von Kindern nicht erreicht werden können. Dies gilt nicht nur auf dem Herd, sondern auch, wenn sie zum Servieren auf den Küchen- oder Esstisch gestellt werden. Platzieren Sie heiße Schüsseln und Töpfe darum in der Mitte des Tisches und vermeiden Sie Tischdecken und Läufer. Wird daran gezogen, werden heiße Speisen, Geschirr und Gläser eventuell runtergerissen.

Für alle Küchenschränke und Schubladen gibt es günstige Auszugssperren zu kaufen. So bleibt ihr gutes Geschirr heil und Kinder können gefährliche Utensilien und Geräte nicht erreichen.

Falls Ihre Küchenzeile oder der Esstisch scharfe Kanten hat, können Sie diese mit speziellen Aufsätzen aus Plastik, Gummi oder Silikon abrunden.

3.9.14 Zu guter Letzt

Kinder lieben es, beim Kochen und Backen zu helfen. In gewissem Umfang sollten Sie dies auch gestatten. Achten Sie dabei auf kindgerechte Tätigkeiten ohne

Verletzungsrisiko. Teig kneten beispielsweise oder Plätzchen ausstechen. Kinder können auch Obst und Gemüse waschen und anschließend mit Küchenpapier abtrocknen oder Puddingpulver mit dem Schneebesen in die kalte Milch einrühren. Wichtig: Keine scharfkantigen Geräte benutzen oder zerbrechliches Geschirr. Kochlöffel aus Holz und bruchsichere Schüsseln aus Plastik sind hingegen geeignete Utensilien. Selbstverständlich sollten mit zunehmendem Alter auch die Tätigkeiten verantwortungsvoller werden. So lernt Ihr Spross nach und nach den Umgang mit allen Küchenhelfern und Geräten.

Weisen Sie Ihr Kind auch immer wieder auf bestimmte Gefahrenquellen hin und erklären Sie, warum es bestimmte Dinge (noch) nicht benutzen oder damit spielen darf. Seien Sie außerdem ein gutes Beispiel und steigen beispielsweise nicht auf Stühle, um an hoch gelegene Utensilien gelangen, sondern nehmen Sie eine Trittleiter. Kinder schauen sich Verhaltensweisen von Erwachsenen ab.

3.10. Zusammenfassung

Richtig vorbereiten, aussortieren und einräumen

Fertigen Sie zwei Skizzen von Ihrer Küche an, ehe Sie anfangen alles aus den Schränken zu räumen:

a) Ein Grundriss, auf dem die verschiedenen Arbeitsbereiche ersichtlich werden.

b) Eine Frontalansicht, bei der Sie vermerken, wo sich später was befinden soll.

Als Motivationskick und um Ihre Fortschritte zu dokumentieren, können Vorher-Nachher-Fotos der einzelnen Schränke und Schubladen geschossen werden.

Entnehmen Sie nun alles aus den Schränken und sortieren es nach folgenden Kategorien:

a) Behalten - Wird häufig benutzt (diese Dinge werden wieder so einsortiert, dass sie komfortabel zu erreichen sind).

b) Behalten - Wird selten benutzt (können in höher gelegene Schränke oder werden ganz aus der Küche ausquartiert und woanders in der Wohnung aufbewahrt).

c) Verschenken, Spenden, Verkaufen – Wird nie benutzt oder ist doppelt.

d) Wegwerfen – Alles was kaputt und anderweitig unbrauchbar ist.

Ist die Küchenzeile bzw. ein Schrank komplett leer, so sollte alles gründlich abgewaschen und abgetrocknet werden. Am Ende natürlich auch die Fronten,

Sockelleisten, den Fliesenspiegel und oben auf den Hängeschränken wischen. Gegebenenfalls Zeitungspapier auf die Schränke legen.

Überlegen Sie, was Sie in welchem Arbeitsbereich häufig benutzen und räumen Sie die Küche dementsprechend wieder ein. Madame Missou gibt Ihnen für die Arbeitszonen hilfreiche Tipps, doch beachten Sie auch Ihre eigenen Gewohnheiten und Vorlieben.

Die Arbeitsbereiche sind:

a) Kochen und Backen – Gewürze, Kochbesteck, Töpfe, Pfannen, Kuchenformen.

b) Reinigen – Geschirr, Gläser usw., Spülmittel, Müllbeutel, andere Putzutensilien und Reiniger.

c) Vorbereiten – Waage, Messer, Schneidebretter, häufig genutzte Zutaten.

d) Aufbewahren – Schwere Sachen nach unten, leichte Utensilien nach oben in die Schränke Alles, was Sie täglich brauchen sollte in komfortabler Reichweite sein.

e) Vorräte – Kühl- und Gefriergeräte für frische Lebensmittel, Vorratsschrank.

f) Müll – am besten nicht unter der Spüle, da es hier feucht ist und Schimmel und schlechte Gerüche leichter entstehen können. Müll wird immer sortiert.

Füllen Sie für einen besseren Überblick angebrochene Lebensmittel in luftdichte Plastikbehälter um. Diese lassen sich stapeln und es wirkt gleich viel ordentlicher in Ihren Küchenschränken.

Beschriften Sie Ablageflächen und Regale und geben Sie jedem Gegenstand einen festen Platz in der Küchenzeile. So finden Sie alles ruckzuck und auch das Wegräumen wird zum Kinderspiel.

Kleine Plastikkörbe nehmen gekonnt Gewürze oder Backzutaten auf und verhindern ein Kramen und Suchen in Schränken. Gewürzkarusselle sind ebenfalls eine elegante Lösung.

Einsätze, Körbe und Sortiersysteme für Schubladen lassen sich ganz einfach nachrüsten.

Beleuchtung in der Küche

Achten Sie auf verschiedenes Licht in der Küche:

a) Helles Licht zum Arbeiten.
b) Dimmbares und sanftes Licht für den Esstisch.
c) Licht zum Orientieren – In Schränken und/oder Deckenlicht.
d) Highlights und Akzente setzen.

Umweltfreundiche Küche

- Nutzen Sie Elektrogeräte sinnvoll und lassen Sie den Kühlschrank nie lange auf.
- Netzstecker ziehen anstatt Stand-by.
- Sparsame Energieeffizienzklasse wählen.
- Einkaufstüten wieder verwenden.
- Herdplatten mit geeigneten Töpfen nutzen (nicht zu

groß oder klein).
- Spülmaschine einschalten, wenn sie voll ist.
- Reinigungsmittel sparsam einsetzen.
- Einkaufspläne schreiben.

Reinigung von Elektrogeräten

- Reinigen Sie Kleinelektronik nach Bedarf.
- Kühlschrank mindestens einmal im Monat gründlich reinigen.
- Gefrierfach bzw. Gefrierschrank 1-2 mal im Jahr abtauen.
- Kaffeemaschine und Wasserkocher regelmäßig entkalken.
- Spritzer auf dem Herd oder im Backofen am besten sofort wegwischen, um ein Einbrennen zu verhindern.

Arbeitsflächen und Stauraum erweitern

Vieles lässt sich unkompliziert in alte Küchen nachrüsten

a) Sockelschubladen
b) Mikrowelle aufhängen
c) Hängeschränke nach oben erweitern
d) Schienen- oder Relingsystem über der Arbeitsfläche
e) Karussell und Ausziehflächen für tote Ecken
f) Klappbarer Esstisch
g) Selten genutzte Dinge auslagern
h) Mehr Einlegeböden in Hänge- und Unterschränke montieren
i) Abdeckplatten für Herd oder Spüle schaffen schnell weitere Arbeitsfläche

Küchen optisch aufwerten

- Küchenfronten austauschen, streichen oder überkleben
- Allein schon eine neue Arbeitsplatte verleiht der Küchenzeile neuen Pep
- Die Küche mit Licht in Szene setzen
- Neue Türgriffe anbringen
- Fliesenspiegel erneuern, überstreichen oder abdecken

Der Kühlschrank

- Einmal im Monat von innen und außen gründlich reinigen, inkl. Ablagen und Körbe
- Rohr für Kondenswasser prüfen
- Rillen mit Zahnbürste, Schaschlikspieß oder ähnlichem Reinigen
- Dichtung prüfen
- Lamellen auf der Rückseite absaugen
- auch unter dem Kühlschrank wischen

Bei schlechten Gerüchen die Ursache finden, anstatt mit Düften zu arbeiten

Regelmäßige Reinigung des Innenraums beugt Mief und Modergeruch vor

Beachten Sie die Klimazonen im Kühlraum, wenn Sie Ihre Lebensmittel dort einräumen. Die Wärme steigt nach oben, weshalb es über dem Gemüsefach am kältesten ist. Die Tür, das Gemüsefach und die oberen Ablagen sind vergleichsweise warm.

Sicherheit für Kinder

- lassen Sie Kinder altersgerecht in der Küche helfen
- Erklären Sie den Umgang mit Geräten und Utensilien
- Weisen Sie auf Gefahrenquellen hin
- Versehen Sie Schränke und Schubladen mit Ausziehsperren
- Sichern Sie auch Kühlschrank, Spülmaschine und Backofen
- Vorsicht mit heißem Wasser
- Herd mit Schutzgitter absichern und Töpfe immer in die Mitte des Tisches stellen
- vermeiden Sie Konservendosen mit scharfen Schnittkanten
- Alkohol, Medikamente, Gewürze und Reinigungsmittel außerhalb der Reichweite von Kindern aufbewahren
- Messer sicher aufbewahren
- Plastiktüten nicht herumliegen lassen
- Steckdosen mit Kindersicherung versehen

3.11. Schlusswort

Falls Sie den Tipp mit den Vorher-Nachher-Fotos beherzigen, können Sie im Anschluss an die Aufräumaktion die Bilder nebeneinander legen und vergleichen. Sie werden sehen, wie stolz Sie auf sich sind!

Überflüssiges Geschirr und Geräte wurden erfolgreich aussortiert, verkauft, gespendet und weggeworfen. Sie haben nun alles in greifbarer Nähe, was Sie täglich nutzen, und wissen Dank Beschriftung genau, welche Utensilien wo ihren Platz haben. Sie finden sich nun schneller zurecht und das Arbeiten und Kochen macht einfach mehr Spaß, weil Sie jetzt ein funktionierendes System in Ihrer Küche haben.

Mit einfachen Tricks konnten Sie außerdem zusätzlichen Stauraum schaffen und die langweilige alte Küche optisch aufwerten, anstatt gleich mehrere Tausend Euro für eine neue Küchenzeile auszugeben. Die Hänge- und Unterschränke sind tipptop sauber und Dank luftdichter Vorratsbehälter übersichtlich und ordentlich. In Zukunft werden Sie hoffentlich auch Ihre Elektrogeräte samt Kühlschrank besser in Schuss halten, denn schließlich sollten die Lebensmittel, die Sie essen und trinken hygienisch gelagert und zubereitet werden.

Und falls Kinder in Ihrem Haushalt leben, so hofft Madame Missou, Sie auf die ein oder andere unbekannte Gefahrenquelle hingewiesen zu haben, und wünscht Ihnen und den Kleinen viel Vergnügen bei gemeinsamen Koch- und Backerlebnissen in der entrümpelten und gemütlichen

Küche.

Hoffentlich hatten Sie viel Spaß, tolle Anregungen und Ideen beim Lesen dieses Kapitels und fühlen sich nun motiviert oder sogar inspiriert, Ihre Küche mal wieder so richtig auf Vordermann zu bringen.

4. Endlich Ordnung im Kleiderschrank

4.1. Einleitung

Woran sie erkennen, dass Ihr Kleiderschrank dringend einer Generalüberholung bedarf:

1. Sie haben diesen Ratgeber erworben und wissen um die Unordnung in Ihrem Kleiderschrank. Oder - was eigentlich noch gravierender ist - Sie haben den Ratgeber geschenkt bekommen?! Das wirft die Frage auf, wieso Außenstehende wissen, welches Chaos in Ihrem Kleiderschrank herrscht. Vielleicht sind es die zusammengewürfelten Outfits mit denen Sie zu Einladungen bei Freunden erscheinen? Und besonders ausgeprägt scheint dieses Phänomen zu sein, wenn es sich um spontane Treffen handelt? Auf die Schnelle können Sie scheinbar keinen vernünftigen Look zusammenstellen und suchen und wühlen, bis Sie bis zu den Ellenbogen in Kleidung stecken oder man Sie nur mit Gewalt aus den Wirren Ihres Kleiderschranks befreien kann?

2. Sie stehen jeden Morgen zeitig auf und haben eigentlich alle Zeit der Welt. Dennoch wird es jedes Mal eine Zitterpartie, ob Sie es noch rechtzeitig zur Arbeit schaffen. In Gedanken hoffen Sie darum inständig, dass Sie eine grüne Welle im Stadtverkehr haben, es keinen Stau auf der Autobahn gibt oder Ihre Bahn möge bitte ein wenig Verspätung haben, wenn man es mal braucht. Woran liegt dieser Zeitdruck? Probieren Sie vielleicht sämtliche Klamotten morgens an, aber nichts will so richtig zusammenpassen und Sie finden tausend luftige Oberteile

und T-Shirts, aber nicht die Winterpullis, für die es längst Zeit geworden ist? Vielleicht sind diese irgendwo in der zweiten Regalreihe verschollen, aber da zu suchen ist Ihnen zu umständlich? Und wenn Sie schlussendlich ein Outfit zusammengestellt haben, dann bleibt Ihnen keine Zeit mehr noch passende Accessoires auszusuchen, Sie eilen hastig durch die Tür und stehen dann leider doch vor jeder roten Ampel?

3. Sie kommen von einer Shoppingtour nach Hause und finden kein freies Plätzchen mehr für die schicken Neuerrungenschaften. Beim Versuch sie zwischen die anderen Kleiderbügel auf die Stange zu quetschen, entdecken Sie nigelnagelneue Kleidungsstücke, an denen noch das Preisschild hängt und von denen Sie völlig vergessen haben, dass es sie überhaupt gibt.

4. Obwohl es an ein Wunder grenzt, dass der Kleiderschrank noch nicht aus allen Nähten platzt, stehen Sie seufzend davor und jammern "Schatz, ich habe nichts zum Anziehen" und besagter "Schatz" sitzt dabei hinter Ihnen auf dem Bett, mit genervter Miene und rollenden Augen. Vielleicht sitzt er auch schon im Auto mit laufendem Motor oder schlimmer noch: Er sitzt bereits im Kino und das Popcorn ist schon zur Hälfte aufgefuttert.

So leid es mir tut, liebe Leser(in), das alles lässt darauf schließen, dass Sie keineswegs nichts zum Anziehen haben, sondern, dass Sie einfach nicht mehr wissen, welche modischen Schätze in Ihrem Schrank verborgen sind und Sie schlicht und einfach den Überblick über Ihre Garderobe verloren haben.

Ein ordentlicher Kleiderschrank mit System kann da Abhilfe schaffen, lässt Sie gelassen in den Tag starten und schenkt Ihnen kostbare Minuten, die Sie lieber noch kuschelig im Bett verbringen können oder bei einer dampfenden Tasse heißem Kaffee. Außerdem sieht ein aufgeräumter Schrank gut aus, macht Laune beim Öffnen, lässt Sie alles schnell finden und kombinieren und ist übersichtlich gestaltet. Nicht zuletzt ist Ihr Schrank natürlich auch die Heimat all Ihrer Modehighlights, Designerstücke und Shopping-Schätze und die verdienen doch wohl ein Zuhause, das ihnen gerecht wird, meint Madame Missou.

Legen Sie also los und organisieren Sie Ihren Kleiderschrank jetzt neu. Es lohnt sich!

4.2. Schaffen Sie Platz für Neues

Der erste Schritt zu einem perfekt organisierten Kleiderschrank ist auch gleichzeitig der schwierigste und zeitaufwendigste. Sie müssen ausmisten und aussortieren, und zwar rigoros. Planen Sie einen kompletten Nachmittag für die ganze Aktion ein, oder besser noch Sie verlegen die Aufräumarbeiten auf ein Wochenende. Wie viel Zeit sie am Ende tatsächlich benötigen, ist natürlich auch abhängig davon, wie groß Ihr Kleiderschrank letztendlich ist. Für einen Zweitürer brauchen Sie vermutlich weniger Zeit, als bei einem begehbaren Kleiderschrank, wobei die Betonung hier auf dem Wort "vermutlich" liegt. Falls Sie einen sehr kleinen Schrank haben, ihn aber seit x Jahren oder sogar seitdem Sie ihn gekauft haben kein einziges Mal auf Vordermann gebracht haben, dann wird auch diese Aufräumaktion einige Zeit in Anspruch nehmen.

Lassen Sie sich von dem bevorstehenden Arbeitspensum aber auf gar keinen Fall einschüchtern. Es lohnt sich, die Sache endlich mal in Angriff zu nehmen. Ein perfekt organisierter Kleiderschrank sieht toll aus, spart Zeit beim Ankleiden am Morgen oder wenn Sie ausgehen möchten, und gibt Ihnen einen besseren Überblick über Ihre gesamte Garderobe. Genug der Vorrede, jetzt geht´s los!

Tipp 1: Richtig aussortieren und ausmisten

Bringen wir die schonungslose Wahrheit nun ans Licht! Öffnen Sie als aller erstes sämtliche Türen und Schubladen Ihres Kleiderschrankes und werfen Sie einen kritischen Blick hinein. Sie trauen sich nicht, weil Sie sich für den

Anblick im Inneren schämen? Sie haben Angst, dass Ihnen beim Öffnen alles entgegen fällt? Macht nichts, denn schließlich wollen Sie das ja jetzt ändern. Also nur Mut – meint Madame Missou!

Sehen Sie sich das Chaos also einmal in Ruhe an. Sehen sie wackelige oder umgefallene Wäschestapel? Verschiedene Kleiderbügel dicht an dicht, sodass Sie Kleidungsstücke nur mit Not raus oder wieder in den Schrank rein bekommen? Sind manche Sachen wahllos in den Schrank gestopft worden und fliegen durcheinander oder sind gar Dinge verstaut, die dort eigentlich nichts zu suchen haben, wie Geschenkpapier oder Bücher? Raus damit, und zwar alles!

Sorgen Sie dafür, dass im Zimmer genug Platz vorhanden ist für den gesamten Inhalt Ihres Kleiderschranks. Nutzen Sie Ihr Bett oder legen Sie frische Laken auf den Fußboden um alles erst einmal zu deponieren, dann kann es losgehen.

Vielleicht ist Ihnen schon beim Ausräumen aufgefallen, was Sie alles in Ihrem Kleiderschrank haben, das Sie eigentlich gar nicht mehr brauchen. Vielleicht sind Ihnen auch ein paar Kleidungsstücke begegnet, von denen Sie gar nicht mehr wussten, dass diese überhaupt noch existieren, weil sie in der zweiten Reihe auf den Regalbrettern lagen?

Um richtig auszumisten, machen Sie sich deshalb am besten 4 verschiedene Stapel:

1. Behalten: Kleidung, die Sie auf jeden Fall weiter tragen möchten.

2. Spenden/Verkaufen: Alte, aber noch tragbare Sachen, die zu schade sind zum Wegwerfen, die sie aber nie und nimmer mehr anziehen, können in die Altkleidersammlung. Sie können diese Klamotten auch an Second-Hand Läden verkaufen oder tauschen sie online in Kleiderbörsen. Dies gilt auch für Fehlkäufe.

3. Wegwerfen: Kaputte und verschlissene Sachen, von denen Sie sich fragen, warum sie eigentlich noch in Ihrem Schrank waren.

4. Umdisponieren: Für alles, was nichts im Kleiderschrank verloren hat, wird ein neuer Platz in der Wohnung gesucht.

Nehmen Sie jedes Kleidungsstück kritisch unter die Lupe und ordnen es anschließend einem der Stapel zu. Seien Sie dabei ehrlich zu sich selbst. Ihre damalige Lieblingsjeans, die einen so tollen Po zaubert, passt Ihnen schon seit Jahren nicht mehr, oder Sie können sich nur hineinquetschen, wenn Sie sich aufs Bett werfen und die Luft minutenlang anhalten? Weg damit! Legen Sie die Jeans auf den Stapel für die Altkleider, so hat sie wenigstens die Chance noch einer Anderen eine knackige Figur zu schenken.

Sowieso sollte alles in die Spenden/Verkaufen - Kategorie fallen, das Sie schon ewig nicht mehr getragen haben, was zu klein oder zu groß geworden ist oder nicht mehr Ihrem Modegeschmack entspricht. Sie können dazu auch jedes einzelne Teil kurz anprobieren, das hilft oft bei der Entscheidung. Geheimtipp von Madame Missou: Unentschlossene holen sich am besten eine gute Freundin dazu, dann macht es auch gleich mehr Spaß.

Wegwerfen können Sie hingegen alle Sachen, die einfach nur alt, kaputt und vielleicht schon mottenzerfressen sind. Krimskrams, der nicht in einen Kleiderschrank gehört, wird ebenfalls separat gesammelt, damit später eine geeignete Aufbewahrung gefunden werden kann.

Haben Sie die Bündel "Spenden", "Wegwerfen" und "Umdisponieren" erledigt, widmen wir uns nun der schwierigsten Kategorie: Behalten.

Gehen Sie den Stapel noch einmal kritisch durch. Es liegen bestimmt auch einige Sachen dabei, die Sie zwar schon monatelang nicht mehr getragen haben, von denen Sie sich aber nicht so einfach trennen können. Vielleicht haben Sie sogar die alte Lieblingsjeans unter die Sachen gemogelt? Nun gut, es gibt noch eine *„Madame Missou Ausnahme-Möglichkeit"*: Packen Sie all die vermeintlich tollen Sachen, die aber nicht mehr passen in einen Karton. Kleben Sie ihn zu und schreiben Sie das Datum oben drauf. Anschließend wird der Karton im Keller oder auf dem Dachboden verstaut. Wenn Sie nach 6 Monaten nichts aus dem Karton schmerzlich vermisst haben, dann brauchen Sie es auch nicht. Bringen Sie die Box zur Altkleidersammlung, und zwar ohne ihn noch mal aufzumachen!

Tipp 2: Saubermachen

Eigentlich mehr eine lästige Pflicht, als ein wirklicher Tipp. Aber Hand aufs Herz: So schnell werden Sie Ihren Kleiderschrank wohl nicht mehr vollständig ausräumen, oder? Im besten Fall wird dies auch gar nicht mehr nötig sein. Darum sollten Sie ihn nun ordentlich säubern, bevor es ans eigentliche Organisieren und Einräumen geht.

Bereiten Sie Folgendes vor:

- Eimer mit geeignetem Reinigungsmittel sowie Lappen und Handtücher zum Auswischen des Schranks
- ggf. Glasreiniger für Spiegelflächen
- Staubtücher/Staubwedel
- Trittleiter

Jetzt sind Sie bewaffnet, um ihren Kleiderschrank von Staub, Muff und Flecken zu befreien. Fangen Sie ganz oben auf dem Schrank an. Sie werden staunen, wie viel Staub sich da mit den Jahren angesammelt hat. Vermutlich ist dies auch der aufwendigste Part beim Putzen.

Geschafft? Dann arbeiten Sie sich nun von oben nach unten von Etage zu Etage und vergessen Sie auch nicht Schubladen und Kleiderstangen zu entstauben.

Am Schluss noch die Türen schließen und abwischen und die Spiegel ebenfalls gründlich reinigen.

4.3: Wie, wo, was? Kleiderschrank organisieren

Sie haben sich vom ersten Schock und der Anstrengung erholt, die das Ausmisten und Putzen verursacht hat? Gut, denn nun kommen wir zum weitaus angenehmeren Teil. Nun gilt es für alle verbliebenen Sachen einen geeigneten Platz zu finden und den Kleiderschrank so zu organisieren, dass Sie alles schnell und bequem finden und das Innenleben zeitgleich einladend und ordentlich aussieht. Das macht Spaß!

Tipp 3: Gruppieren und Sortieren

Zunächst wird die Kleidung grob nach Saison sortiert. Welche Oberteile tragen Sie beispielsweise nur im Sommer und was ziehen Sie nur zur kalten Jahreszeit an? Wenn die Größe des Schranks es zulässt, kann alles nach Saison getrennt dort aufbewahrt werden. Ist er jedoch zu klein, dann räumen Sie am besten nur die aktuelle Saison wieder ein. Die anderen Kleidungstücke können dann beispielsweise in einer Unterbettkommode auf ihren Einsatz warten oder in Plastikboxen im Keller. Achten Sie jedoch darauf, dass die Boxen an einem trockenen Platz aufbewahrt werden, sonst werden sie klamm und nehmen den typischen feuchten Kellergeruch an. Wenn Wäsche eingelagert wird, sollte Sie vorher gewaschen sein, um Schäden an der Kleidung zu vermeiden. Außerdem werden Motten vom Geruch getragener Kleidung angezogen.

Ist die Unterteilung in Jahreszeiten vorgenommen, sortieren Sie innerhalb dieser Gruppen weiter nach Art der

Kleidungsstücke. Jeans kommen zu Jeans, Röcke zu Röcken, Blusen zu Blusen usw.

Innerhalb dieser Eingruppierung erfolgt wiederum eine Einteilung nach Farben. So verschaffen Sie sich einen besseren Überblick über gelungene farbliche Kombinationsmöglichkeiten verschiedener Kleidungsstücke. Zu Ihrer neuen Hose tragen Sie am liebsten ein rotes Oberteil? Nun sehen Sie auf Anhieb, welche infrage kommen, ohne sämtliche Wäschestapel zu durchwühlen.

Wer möchte, kann nun beispielsweise bei den Oberteilen noch nach Ärmellängen unterscheiden. Ohne Ärmel, Spaghetti-Träger, T-Shirt, 3/4 - Shirts usw. Gleiches gilt für Hosen mit unterschiedlichen Längen, Röcken und anderen Kleidungsstücken.

Ist alles sortiert, wandert es an die richtigen Stellen im Schrank. Ob Kleider- oder Hosenbügel, Ablage, Kommode erfahren Sie im nächsten Abschnitt.

Tipp 4: Was gehört wohin?

Ein Schrank besteht in der Regel aus Kleiderstangen und Regalböden. Natürlich gibt es auch andere Modelle mit Schubladen oder gar integrierten Rollkästen. Sogar ganze Schranksysteme werden mittlerweile angeboten mit Gitterkörben zum Ausziehen, Ablagen für Schuhe, separate Schubladen und durchsichtige Boxen mit Unterteilung für Socken oder Unterwäsche, höhenverstellbaren Kleiderstangen, Gürtelhalter, Hosenaufhängungen ... Bevor wir hier ins Schwärmen geraten und allzu sehr abschweifen, kommen wir lieber wieder zum Wesentlichen: Ordnung in Ihren jetzigen Kleiderschrank bringen.

Zeit also, sich einmal zu fragen, welche Kleidungsstücke wo am besten aufgehoben sind.

Kleiderstangen:

An die Kleiderstangen wird alles gehangen, was im gefalteten Zustand sonst schnell Falten bekommt, wie Hosenanzüge, Kostüme, Blaser, Blusen, Röcke, Stoffhosen, Kleider und anderes.

Je nach Kleidungsstück benutzen Sie dazu am besten spezielle Kleiderbügel. Rockspanner natürlich für Ihre Röcke, schwere Holzkleiderbügel für Jacken, für Hosen eignen sich Bügel mit Steg oder Clip-Bügel und es gibt sogar extra Kleiderbügel für Gürtel, Schals, Krawatten usw. Viele Ausfertigungen gibt es zusätzlich auch als Raumsparbügel. So können zum Beispiel mehrere Hosen untereinander auf einen Bügel mit mehreren Querstreben gehangen werden. Für Kleidung aus zarten oder rutschigen Stoffen empfiehlt sich der Einsatz von mit Stoff bespannten Bügeln. Um ein Runterrutschen generell zu verhindern, schließen Sie beim Aufhängen Ihrer Kleidung immer die Knöpfe von Hosen und Röcken und den obersten Knopf von Blusen und anderen Oberteilen.

Ein wildes Durcheinander von diversen Kleiderbügeln zerstört jedoch mitunter die Ordnung und das Gesamtbild im Schrank. Bleiben Sie innerhalb einer Kleidungsgruppe deshalb bei einer Art Kleiderbügel und kaufen Sie z.B.

Rockspanner immer von der gleichen Marke. So hängt ihre Wäsche stets auf einer Höhe und im gleichen Stil, das schafft mehr Übersichtlichkeit.

Außerdem sollten alle Sachen mit genügend Abstand aufgehängt werden, denn so wird Falten vorgebeugt, die Wäsche bleibt länger frisch und kann bequem und ohne Stopfen oder Zerren rausgeholt und wieder in den Schrank zurückgehängt werden.

Ablageflächen:

Hier deponieren und stapeln Sie alles, was pflegeleicht ist und wenig Falten bekommt, wie Jeans, Pullover oder T-Shirts. Außerdem Kleidung aus Wolle, Strick und Stretchmaterial, da sie auf Bügeln sonst ausleiern und somit aus der Form geraten. Dabei sollten schwerere Kleidungsstücke nach unten und darüber leichte Sachen, damit diese nicht zerdrückt werden und unschöne Falten bekommen oder durch wuchtigere Klamotten gar nicht erst sichtbar sind. Aber stapeln Sie nicht zu hoch! Wackelige Kleidungstürme geraten schnell ins Wanken und stürzen um. Lieber kleinere und dafür mehrere Stapel anlegen. Falls dies aus Platzgründen nicht geht, können Sie Wäschestapel stabilisieren. Zum Beispiel mit Buchstützen oder nutzen Sie Zeitschriftenordner. Diese lassen sich auch super mit Accessoires befüllen und von außen übersichtlich beschriften. So schlagen Sie gleich mehrere Fliegen mit einer Klappe: Sie nutzen die schmalen Zwischenräume auf den Ablagen, wo sich sonst nichts aufbewahren lässt und hindern Ihre Wäsche gleichzeitig am Umkippen, selbst wenn es ein Oberteil von ganz unten sein muss. Um mehr Ablageflächen im Schrank zu schaffen und falls Sie nicht sonderlich viel haben, was aufgehängt gehört, gibt es auch faltbare Hängeelemente, die an der Kleiderstange befestigt werden.

Schubladen:

Unterwäsche, Strumpfhosen und Socken gehören in eine Schublade, und zwar am besten in eine mit Unterteilung. So haben Sie alles schnell griffbereit und müssen nicht lange wühlen. Es gibt Schubladeneinsätze aus Stoff extra für BHs und Slips, sodass Sie Sets schnell finden und auch wabenförmige Unterteilungen, in denen Socken übersichtlich sortiert werden können.

Andere kleinere Kleidungsstücke wie Gürtel, Handschuhe etc. sind hier ebenfalls gut aufgehoben.

Besitzt Ihr Kleiderschrank keine Schubladen und Sie nennen auch keine Kommode Ihr Eigen, dann kaufen Sie schöne Aufbewahrungsboxen oder Körbe, ordnen Sie all diese Sachen dort ein und deponieren die Boxen ebenfalls auf den Regalfächern des Schranks. Auch hier können kleine Boxen, z.B. für Sonnenbrillen, Kleiderstapel stützen.

Tipp 5: Outsourcing

Alles Überflüssige im Schrank wurde aussortiert und entsorgt und trotzdem ist einfach nicht genug Platz und alles wirkt überladen und vollgestopft? Dann ist es ratsam, einigen Sachen eine andere Bleibe zu suchen. Entlasten Sie Ihren Kleiderschrank und delegieren Sie die Aufbewahrung an andere Möbelstücke.

Hängen Sie Jacken und Mäntel beispielsweise an Ihre Garderobe im Flur, dort können Sie auch Hüte, Mützen und Handschuhe verstauen. Schuhe können ebenfalls ein neues Zuhause im Flur finden, auf einem Schuhregal oder in einem Schuhschrank.

Falls der Platz im Schlafzimmer ausreicht, empfiehlt sich eine Kommode. Hier lassen sich wie bereits erwähnt Socken, Unterwäsche und Gürtel super verstauen und mit speziellen Ordnungseinsätzen für Schubladen, ist alles schön übersichtlich und ordentlich. Für Schmuck gibt es hübsche Halter und Ständer, die sich super als Blickfang auf der Kommode machen.

Sie fahren gern Ski, aber tragen die Ausrüstung hierfür nur ein paar Male im Jahr oder wenn Sie in den Winterurlaub fahren? Solche und andere Kleidung, die nur selten getragen wird, kann prima in einer Unterbettkommode aufbewahrt werden. Dort ist Kleidung sicher vor Staub, Schmutz und neugierigen Blicken geschützt und dennoch schnell erreichbar, wenn sie gebraucht wird.

4.4: Accessoires und Schuhe

Ja, sie machen jedes Outfit komplett und den Schrank leider oft komplett voll: Accessoires und Schuhe. Dennoch sind sie das Tüpfelchen auf dem i, werten jedes Styling auf und sind gleichzeitig Ausdruck der Persönlichkeit. Im folgenden Kapitel lesen Sie, wie und wo Sie Handtasche und Co am besten aufbewahren und wie auch kleine Stylinghelfer nicht in den weiten Ihres Kleiderschrankes verloren gehen.

Tipp 6: Schuhe

Schuhe hat man nie genug, Platz jedoch oft zu wenig. Wieso Frauen so gerne Fußbekleidung kaufen, obwohl ein weiteres Paar eigentlich gar nicht nötig ist, wird vermutlich immer ein Mysterium bleiben - zumindest für die Männer. Aber der weibliche Teil der Bevölkerung liebt Schuhe und würde nie und nimmer zugeben, dass auch nur ein Paar davon unnütz oder zuviel ist – das weiß auch Madame Missou.

Dennoch widmen nicht alle den Tretern die Aufmerksamkeit beim Verstauen, die sie verdient haben. Oft wahllos durcheinander gewürfelt fliegen sie im Flur herum oder sind lieblos in Schränke gestopft. Der Trend geht bei manchen auch dahin, die Schuhhighlights an einer Wand aufzureihen und sich so jeden Tag im Vorbeigehen daran zu erfreuen. Das sieht schick aus, aber spätestens nach einer Woche sind die hübschen Schuhe verstaubt und vielleicht haben es sich auch schon einige achtbeinige Insekten in ihren Stiefeln und Pumps bequem gemacht. Sie haben gerade entsetzt die Augen aufgerissen und sind gleich in den Flur gelaufen, um nach Spinnweben Ausschau zu halten? Höchste Zeit also, ein anderes Ordnungssystem zu finden.

Wenn Sie keinen Schuhschrank haben oder wollen und Schuhe lieber im Kleiderschrank aufbewahren, empfiehlt sich dafür der unterste Boden, beispielsweise unter einer Kleiderstange, denn da ist Luft nach oben, um zu stapeln. Um so viele Paare wie möglich unterzubringen, packen Sie die Schuhe am besten in kleine Kartons. Nutzen Sie die Originalkartons aus dem Schuhgeschäft oder kaufen Sie ersatzweise welche in Einrichtungshäusern, Bastelläden oder im Baumarkt. Es gibt auch welche mit Guckfenster vorne, sodass Sie Exemplare leicht wieder finden. Madame Missou Geheimtipp A: Bei schlichten, geschlossenen Boxen können Sie einfach ein Foto der Schuhe machen und vorne auf die Box kleben. Besonders trendy und daher Geheimtipp B: Farbige Schuhboxen auf einem Regal außerhalb des Schrankes platzieren. Dabei können Sie den Farben besondere Anlässe zuordnen. Blau steht für Arbeit, Grün für Freizeit usw.

Es gibt auch Unterbettkommoden mit Unterteilungen extra für Schuhe oder kleine Schuhregale, die sich unten im Schrank platzieren lassen. Sogenannte Schuhorganizer schaffen ebenfalls mehr Platz. Sie sind in etwa so groß wie ein Kleidersack und besitzen einseitig Einsteckfächer. Hängen Sie den Organizer außen an den Schrank, an die Innentüren, eine Kleiderstange oder auch an Ihre Schlafzimmertüre.

Tipp 7: Schmuck

Schmuckschatullen sehen zwar hübsch aus, aber darin herrscht oft das blanke Chaos. Besonders, wenn es sich um ein einfaches Kistchen handelt. Besser sind da Aufbewahrungsständer, die Sie effektvoll auf einer Kommode oder einem eigenen Regalfach in Ihrem Schrank in Szene setzen können. Sie finden spezielle Ständer nur für Ketten, Ringe, Ohrringe und Armbänder und auch Aufbewahrungskombinationen. Sie sehen aus wie kleine Exemplare der Schmuckständer in Boutiquen und lassen sich oftmals drehen, was wiederum für den Schrank sehr praktisch ist. Es gibt aber auch kunstvolle Objekte wie Frauenbüsten in schönen Outfits oder Schuhe als Ringhalter.

Besonders praktisch für kleine Schmuckstücke sind Sortierboxen für Schrauben aus dem Baumarkt. Es gibt sie in vielen verschiedenen Farben und Größen und sie eignen sich hervorragend für das Sortieren von Ohrringen und anderem Schmuck und lassen sich bequem im Schrank stapeln. Ebenfalls in einem Baumarkt Ihrer Wahl finden Sie auch kleine selbstklebende Haken, die sich prima an der Innenseite Ihrer Kleiderschranktüren befestigen lassen und an denen Sie beispielsweise Ketten aufhängen können.

Falls Sie besondere Schmuckstücke nur zu einem bestimmten Outfit tragen noch ein zusätzlicher Tipp von Madame Missou: Stecken Sie die Accessoires in ein kleines Organza- oder Stoffsäckchen und hängen es direkt an den entsprechenden Kleiderbügel. So sparen Sie sich langes

Suchen.

Tipp 8: Handtaschen, Schals, Handschuhe und Co.

Alles, was ganz oben im Schrank ist oder ganz unten, gerät häufig in Vergessenheit und wird demnach weniger benutzt. Man will sich eben nicht jeden Tag recken oder eine Leiter bemühen, um Kleidungsstücke zu erreichen. Darum eignen sich diese Flächen besonders gut für Accessoires. Diese sind ein schöner Blickfang und Stellen im Kleiderschrank, an denen Sie nicht jeden Tag rumwuseln, bleiben länger ordentlich.

Auf dem Boden des Schranks befinden sich nun Ihre Schuhboxen fein säuberlich gestapelt, bleibt also noch die obere Ablage. Hier können Sie Ihre Handtaschenkollektion perfekt in Szene setzen. Ordnen Sie die Taschen dabei nach Größe: links große Shopper und Messenger, dann kleinere Umhängetaschen, bis hin zu Abendtäschchen und Clutch. Das sieht super aus und die oberste Ablage ist nun kein Bermudadreieck mehr, in dem unnütze oder vergessene Klamotten lagern. Sind Taschen dabei, die leicht knautschen und in sich zusammenfallen, stopfen Sie diese mit Zeitungspapier, alter Kleidung oder Handtüchern aus.

Für Schals und Gürtel gibt es eigentlich eine sehr praktische und bereits vorgefertigte Lösung, nämlich spezielle Kleiderbügel. So haben diese runde Aussparungen, durch die sich Halstücher und Schals ziehen lassen oder Haken, an denen die Gürtelschnallen eingehängt werden können. Erinnern Sie sich an die Clip-

Bügel für Hosen? Diese gibt es auch in einfacher Ausführung mit nur einem Clip und sind bestens für Schals und dergleichen geeignet. Falls Sie sich beim Outsourcing (siehe Tipp 5) für eine Kommode entschieden haben, können Sie Gürtel und Tücher auch zusammenrollen und in kleinen beschrifteten Boxen oder speziellen Schubladeneinsätzen unterbringen.

Und falls Sie gerne Hüte tragen, und sei es auch nur zu besonderen Gelegenheiten, dann kaufen Sie ein paar dekorative Hutschachteln und platzieren Sie diese oben auf Ihrem Kleiderschrank. Das ist ein wunderbarer Blickfang. Selbst wenn Sie keinen einzigen Hut Ihr Eigen nennen, so gibt es dennoch einen Grund für solche Schachteln: Hier können Sie Winterschals und Handschuhe deponieren, bis sie im Winter wieder gebraucht werden.

4.5: Kleiderschrank alt, neu oder begehbar?

Für welchen Typ Kleiderschrank Sie sich entscheiden, hängt natürlich von verschiedenen Faktoren ab. Dem persönlichen Geschmack, den räumlichen Begebenheiten und nicht zuletzt natürlich auch vom Budget. Doch auch wenn der begehbare Kleiderschrank noch ein Traum in weiter Ferne ist: Einen alten Schrank kann man mit ein paar Tricks von außen optisch aufwerten und modern und ansprechend gestalten. Für das perfekte Innenleben haben Sie ja bereits gesorgt, Zeit also, auch das Äußere auf Vordermann zu bringen.

Tipp 9: Alte Kleiderschränke aufwerten

Auch wenn die Haushaltskasse knapp ist und es für einen neuen Schrank im Augenblick nicht reicht, lässt sich Ihr alter mit ein bisschen Kreativität und wenig Geld aufpeppen und Sie können Ihr ganz individuelles Möbelstück daraus zaubern.

Beispiele gefällig?

> 1. Der Lack muss ab: schleifen Sie ihren alten Kleiderschrank und lackieren Sie ihn in der gewünschten Farbe einfach neu. Natürlich könne Sie auch mehrere Farben aufbringen, den Schrank im Shabby Chic gestalten, oder Muster aufmalen. Wenn Sie künstlerisch begabt sind auch mit Blumen, Ornamenten, chinesischen Schriftzeichen usw. Schon haben Sie ein eigenes Designerstück zu Hause.

2. Sie mögen Ihren Kleiderschrank, wie er ist, aber finden ihn irgendwie zu langweilig? Wandtattoos eignen sich super, um ihrem Möbelstück einen individuellen Look zu verpassen. Auch Serviettentechnik ist perfekt, um Schränke aufzuhübschen und haftet besonders gut auf Holzmöbeln.

3. Wenn Sie weniger künstlerisch begabt sind, dafür aber handwerklich, gibt es spezielle selbstklebende Folien für Möbelstücke, die sich zuschneiden lassen und Ihrem Schlafzimmerschrank ein gänzlich neues Aussehen geben. Sie können die Schranktüren auch mit Postern oder Tapete bekleben und sogar mit Stoff bespannen.

4. Sie wünschen sich etwas mehr Farbe im Schlafzimmer? Auch wenn Sie den Kleiderschrank selbst nicht verändern wollen, so können Sie mit den bereits vorher erwähnten Hutschachteln und bunten Boxen Farbkleckse in den Raum zaubern, indem Sie diese auf Ihrem Schrank platzieren. Auch ausgefallene und farbige Quasten, welche an die Türgriffe und Knaufe angebracht werden, verbreiten individuellen Charme.

5. Spieglein, Spieglein an der Wand? Nein, im Schrank! Zugegeben, bei einem Schwebetürenschrank macht dieser Tipp wenig Sinn, aber ansonsten ist er ein wirkliches Highlight. Bringen Sie Spiegel an die Innenseiten der

Schranktüren an. So können Sie sich in Ihren Outfits von allen Seiten begutachten und auch checken, ob die alte Jeans, wirklich noch einen so tollen Po zaubert. Einfach zwei gegenüberliegende Türen in die gewünschte Position bringen und Sie können auch ihre Kehrseite begutachten, ohne sich dabei den Hals zu verrenken.

Sie wollen keine Komplettverspiegelung? Erinnern Sie sich dann vielleicht an die Haken für Halsketten und Co? Bringen Sie einfach darüber einen kleineren Spiegel an. Nun können Sie Accessoires wie Brillen und Schmuck direkt mit ihrem Look abstimmen. Natürlich können Sie auch von außen Spiegel oder Spiegelfolie anbringen und dem Raum dadurch gleichzeitig etwas mehr Tiefe geben.

6. Es werde Licht! Im Dunkeln ist zwar gut Munkeln, aber im Hellen findet man alles viel schneller. Montieren oder kleben Sie deshalb LEDs in Ihren Schrank. Es gibt diese sogar mit Bewegungsmeldern und Dimmer-Funktion. Und dank der sparsamen LEDs halten die Batterien ausgesprochen lange.

Tipp 10: Doch besser ein neuer Kleiderschrank?

Sie wollen einen neuen Kleiderschrank kaufen?! Damit Sie lange viel Freude an Ihrem neuen Möbelstück haben, gilt es im Vorfeld etwas zu beachten. Stellen Sie sich die Frage, welcher Modetyp Sie sind und welche Kleidungsstücke Sie am häufigsten anziehen. Tragen Sie beispielsweise häufig Röcke oder Hosenanzüge, brauchen Sie mehr Kleiderstangen, da diese Sachen nach Möglichkeit nicht gefaltet werden sollten. Sind Sie eher der legere Typ, sind mehr Ablageflächen von Vorteil und Stangen verschwenden nur kostbaren Raum. Sie werden sehen, dass auch kleinere Schränke Ihren Ansprüchen somit vollends Genüge tun und es nicht immer wuchtige 4- oder 5-Türer sein müssen, um alle Kleidung unterzubringen. Kleinere Schränke machen Ihr Schlafzimmer luftiger und schonen zudem oftmals die Haushaltskasse.

Tipp 11: Begehbarer Kleiderschrank

Ein Mädchentraum wird wahr und Sie erfüllen sich den Wunsch nach einem begehbaren Kleiderschrank? Solch ein Moderefugium ist wie eine kleine Boutique in den eigenen vier Wänden und versprüht einen Hauch von Luxus.

Ob Sie nun einen eigenen Ankleideraum haben oder einen Teil Ihres Schlafzimmers abtrennen, trauen Sie sich die Gestaltung und Planung selber zu, oder beauftragen Sie lieber einen Fachmann?

Es gibt Schranksysteme, die Sie bequem in Eigenplanung am PC erstellen können. Messen Sie dazu den vorhandenen Platz jedoch genau aus, damit es am Ende keine bösen Überraschungen gibt, und beachten Sie wie in Tipp 10, worauf es bei Ihrem neuen Schrank ankommt. Brauchen Sie ein luftiges Stangensystem, oder doch mehr Ablagefläche?

Falls Ihnen das Projekt in Eigenregie zu heikel ist, lassen Sie am besten die Profis ran, rät Madame Missou. Empfehlenswert besonders bei kritischen Räumen unter Dachschrägen, bei verwinkelten Räumen etc. Der Fachmann hat oftmals auch spezielle Stauraummöglichkeiten, wie drehbare Regale, herabsenkbare Kleiderstangen für leichteren Zugriff, Schuhrondells und vieles mehr. Sie können selbstverständlich Wünsche äußern, die Planung beeinflussen und sich anschließend ganz entspannt der dekorativen Gestaltung des neuen Modetempels widmen. Vielleicht lässt sich ein Schminktisch integrieren, ein Ganzkörperspiegel, stummer Diener etc.? Toben Sie sich aus.

4.6. Familie und Co.

Falls Sie nicht alleine leben, müssen Sie sich den Kleiderschrank vermutlich teilen oder haben mehrere Exemplare davon in Ihrem Haushalt stehen.

Ehepartner, Freund, Kinder, Mitbewohner? Spannen Sie jeden bei der Neuorganisation des Schrankes ein, der Kleidung dort aufbewahrt. Denn das bewahrt Sie möglicherweise davor, dauernd den anderen hinterher zu räumen und immer auf Ordnung zu achten -ein weiterer wertvoller Ratschlag von Madame Missou!

Tipp 12: Den Kleiderschrank mit Anderen teilen

Gehen Sie beim Sortieren der Kleidung genauso vor wie in Kapitel 2 beschrieben. Überlegen Sie nur vorher genau, wer welche Abteilungen im Schrank nutzen sollte. Kinder beispielsweise sollten leichten Zugang zu ihrer Kleidung haben, darum sind ihre Sachen am besten weiter unten im Schrank aufgehoben.

Doch egal wie viele Personen sich den Platz teilen, wichtig ist, die Wäsche nicht zu mischen und jeder bekommt am besten eigene Ablagefächer und Schubladen zugeteilt. Bei Kleiderstangen wird es etwas schwieriger, und falls nur eine vorhanden ist, muss wohl oder übel geteilt werden. Teilen Sie die Stange dann in verschiedene Sektionen ein und trennen Sie diese mit markanten Kleidungstücken, Kleidersäcken oder nutzen Sie verschieden farbige Bügel.

Je nach Größe des Möbelstücks können Sie auch die eine

Hälfte nutzen und Ihr Partner die andere. Oder teilen Sie nach Türen ein. Hinter Tür eins ist Ihr Reich, Tür zwei für die Kinder usw.

Machen Sie jedem das neue Ordnungssystem klar oder, und vermutlich wird es auf das "oder" hinauslaufen, legen und hängen Sie die Wäsche nach dem Bügeln eigenhändig zurück in den Schrank.

Tipp 13: Noch andere Kleiderschränke zum Organisieren?

Gibt es noch andere Schränke im Haushalt, beispielsweise im Kinderzimmer, dann ist zunächst zu wissen, ob das Kind sich schon alleine anziehen kann oder nicht. Ist es dafür noch zu klein, dann können Sie aufatmen. Das System, das Sie im Kleiderschrank Ihres Sprösslings anlegen, wird Ihnen eine Weile erhalten bleiben. Für die Jahre, die danach kommen, können Sie sich von der Ordnung hingegen weitestgehend verabschieden. Oder gehören Sie zu den seltenen Exemplaren, die unermüdlich jeden Tag das Chaos im Kinderzimmer aufs Neue beseitigen? Wenn nicht, dann müssen Sie warten, bis Ihr Kind einen eigenen Ordnungssinn, natürlich mit Ihrer Hilfe, entwickelt und seinen Kleiderschrank selbst aufräumt. Schöne Boxen, einfach zu handhabende Stauraummöglichkeiten und ansprechende Farben können dazu motivieren und erleichtern das Halten einer gewissen Grundordnung. Aber Sie müssen vermutlich dennoch nachhelfen, bis es von alleine gelingt. Wann das sein wird? Vielleicht im Grundschulalter, vielleicht auch nie - weiß Madame Missou aus eigener Erfahrung zu berichten.

Apropos vielleicht auch nie. Ihr Ehemann oder Partner hat einen Teil des gemeinsamen Kleiderschranks gepachtet, oder hat sogar einen eigenen im Schlafzimmer stehen? Wie hält er es mit der Ordnung? Vielleicht räumen Sie seine Sachen jedes Mal ordentlich ein, aber er zieht und zerrt Wäsche einfach so heraus und schert sich einen Mist um die Ordnung? Das regt Sie auf? Warum? Die Organisation seines Kleiderschranks ist doch eigentlich nicht Ihr Problem, oder? Anstatt seine Wäsche immer einzusortieren, sich über das Chaos zu ärgern und es womöglich noch regelmäßig zu beseitigen, probieren Sie es doch einmal damit: Legen Sie seinen Wäschestapel auf seine Hälfte des Bettes, eine Kommode oder wo auch immer Sie wollen und überlassen Sie ihrem Liebsten das Einräumen. Sie wissen, dass dann hinter seinen Schranktüren das Chaos regiert? Sehen Sie es gelassen. Schranktüren sind schließlich dazu da, um geschlossen zu werden. Und wenn Sie irgendwann nicht mehr zugehen, dann fällt Ihrem Liebsten vielleicht endlich mal auf, dass er etwas ändern muss. Vielleicht.

4.7. Zu guter Letzt

Es ist vollbracht. Schauen Sie sich Ihren Kleiderschrank ruhig an. Machen Sie ihn auf und genießen Sie die Ordnung, ja, genießen Sie sie! Es war ein ganzes Stück Arbeit, aber Sie können sich nun selbst auf die Schulter klopfen, denn das haben Sie gut hingekriegt. Alles ist wunderbar ordentlich und Ihr Schrank aufgepeppt und kaum wieder zu erkennen. So soll es von jetzt an auch bleiben.

Tipp 14: Grundordnung halten

Es ist unbedingt erforderlich, dass Sie von nun an eine gewisse Grundordnung in Ihrem Kleiderschrank beibehalten. Ansonsten bricht schon nach wenigen Wochen oder gar Tagen wieder das Chaos aus. Widerstehen Sie also der Versuchung, nach dem Bügeln die Kleidung einfach schnell in den Schrank zu räumen. Hängen Sie Röcke oder Blusen auch weiterhin ordentlich auf die Bügel und sortieren Sie ihre Oberteile nach Ärmellänge und Farben. Dies sind nur wenige Handgriffe mehr, als einfach den gebügelten Stapel in einem Rutsch einzuräumen, aber es sind wenige Handgriffe, die sich lohnen.

Ebenfalls beachten sollten Sie Folgendes: Für jedes neu gekaufte Kleidungsstück muss eigentlich ein altes aus Ihrem Schrank weichen. Klingt hart, aber sonst haben Sie bald wieder einen Kleiderschrank, der aus allen Nähten platzt. Doch natürlich sollten Sie erst einmal Ihrem Shoppingrausch frönen. Schließlich haben Sie so viel Platz bei der Aufräumaktion geschaffen, da dürfen es ruhig ein paar Extrateile mehr sein.

Tipp 15: Persönlicher Stylingratgeber

Falls Sie dennoch mal wieder der "Ich-habe-nichts-Anzuziehen-Koller" überfällt, gibt es noch einen letzten Tipp von Madame Missou zum Schluss. Schnappen Sie sich eine Kamera und schießen Sie immer dann ein Ganzkörperfoto von sich, wenn Sie gerade in einem Outfit stecken, dass Sie besonders gern haben, Ihnen gut steht oder welches Ihr Partner gerne an Ihnen sieht. Sie können ebenfalls Bilder von Ihren Accessoires oder dem Make-up machen. Lassen Sie die Fotos entwickeln oder drucken Sie die Bilder zu Hause am PC aus und kleben sie alle in ein kleines Album. Die Outfits können dabei beispielsweise nach Anlass sortiert und eingeklebt werden: Stylings für die Arbeit, für festliche Anlässe usw. Das Album wird am besten im Schrank selber aufbewahrt, wo es schnell griffbereit ist. Wichtig: Halten Sie Ihren kleinen Stylingratgeber immer auf dem aktuellen Stand und sortieren Sie alte Fotos aus. Dann sind Sie vor Überraschungen gefeit.

Wenn Sie nun spontan eingeladen sind, oder Montagmorgen mal wieder verschlafen und in Panik vor Ihrem Schrank stehen, dann schnappen Sie sich Ihren eigenen kleinen Modekatalog und picken sich eine schöne Kombination heraus. Es darf auch gerne das Outfit mit Ihrer alten Lieblingsjeans sein...

5. Endlich Ordnung im Keller

5.1 Einleitung

Irgendwo da unten in der Dunkelheit lauert sie. In einer feuchten und staubigen Ecke fristet sie ihr trostloses Dasein und wurde einfach zurückgelassen und vergessen. Selten kommt jemand hinunter, um ihr etwas zu bringen und schaltet dabei das schummrige Deckenlicht ein. Dann erhascht der Besucher einen Blick auf sie und sein Gesicht wirkt sofort schuldbewusst. Ihr Zustand ist fürchterlich und es sollte schnell etwas daran geändert werden. Aber halt! Es wäre doch auch möglich, das Mitgebrachte einfach zu ihr in die Ecke zu stellen, das Licht rasch zu löschen und wieder zu verschwinden. Und sie bleibt wie so oft zurück und wächst bei jedem Besuch ein Stückchen weiter: die Unordnung im Keller!

Zugegeben, so ein Untergeschoss ist ja auch einfach zu praktisch. Selten geht jemand hinunter und da braucht man es mit dem Aufräumen nicht allzu genau nehmen. So landet vieles, was in der Wohnung oder im Haus aussortiert wird "zunächst" im Keller. Und genau dies ist häufig das Problem. Alles, was aus unserem Sichtfeld verschwindet, wird nur allzu leicht vergessen. Und darum bleiben auch Kisten, Kartons, Möbel, Bücher, etc. jahrelang in einer dunklen Ecke, nur um dann irgendwann doch weggeworfen zu werden. In der Zwischenzeit nehmen sie aber wertvollen Platz weg, den man hervorragend auch anderweitig nutzen könnte (siehe Kapitel 5.5).

Neben alten und ausrangierten Gegenständen landen aber

noch viele andere Sachen im Keller, wie Vorräte, Gartenstühle und deren Auflagen, Klapptisch, Fahrrad, Sonnenschirm, Grill, Snowboard, Winterkleidung oder Gartengeräte. Häufig wird auch saisonale Dekoration hier aufbewahrt, z.B. Osterhasen, Kürbisse, Lichterketten und Christbaumkugeln. Es kann auch vorkommen, dass besonders Möbel, aber auch kleinere Dinge ganz legitim im Untergeschoss landen, weil die Wohnung darüber einfach zu klein ist. All das sollte selbstverständlich nicht aussortiert und entrümpelt werden, aber einen festen Platz müssen diese Gegenstände schon bekommen und nicht wahllos irgendwo rumstehen.

Da der Keller so selten frequentiert wird, wissen viele Menschen auch gar nicht, was sich mittlerweile alles dort unten befindet. Kommt ein neuer Karton hinzu, so wird er auf oder vor die anderen gestellt. Was aber befindet sich in der Box ganz hinten?

Ordnung verschafft Ihnen einen Überblick über Ihre Besitztümer, macht den Keller freundlicher, befreit Sie von unnötigem Ballast und der neu gewonnene Raum bietet unbekannte Möglichkeiten. Außerdem finden Sie vielleicht den einen oder anderen kleinen Schatz beim Entrümpeln oder können noch brauchbare Dinge in ein paar (oder sehr viele) Euro umwandeln. Gute Gründe das Kellerloch endlich in Angriff zu nehmen und den Staubwedel zu schwingen.

Madame Missou zeigt Ihnen mit diesem Ratgeber, wieso es uns manchmal so schwer fällt, uns von Dingen zu trennen und wie Sie sich motivieren können, anzufangen und mit Laune durchzuhalten. Sie sollten sich auch nicht kopflos ins Abenteuer stürzen, sondern gezielt und mit System vorgehen, damit das Chaos nicht während des Aufräumens überhandnimmt. Schlussendlich werde ich Ihnen einige Wege aufzeigen, wie sich Kellerräume in perfekte Stauräume verwandeln, warum es auf die richtige Lagerung ankommt und wie Sie in Zukunft alles schnell wieder finden.

5.2. Bevor es losgeht

5.2.1 Ausreden für das Gerümpel im Keller

Wussten Sie, dass jeder Mensch nur rund ein Viertel seiner Besitztümer tatsächlich regelmäßig nutzt? Der ganze übrige Rest landet hingegen als Krimskrams und Staubfänger irgendwo in der Wohnung oder eben im Keller. Überlegen Sie einmal selbst und sehen Sie sich in Ihrer Wohnung um. Sicherlich haben Sie viel Stauraum, wie diverse Kommoden, Schränke, Tische, Vitrinen usw. Was aber befindet sich alles im Küchen- oder Fernsehschrank und wie viel davon nehmen Sie täglich oder zumindest häufiger in die Hand? Lag Ihre Stirn gerade grübelnd in Falten? Eigentlich verwenden Sie immer nur die gleichen Dinge, richtig? Wenn es in Ihrem Wohnraum schon so zugeht, dann bedenken Sie, was und wie viel eigentlich da unten in Ihrem Keller lagert, das seit Jahren kein Tageslicht mehr gesehen hat. Sind Sie schon einmal umgezogen? Was haben Sie mit dem ganzen Gerümpel aus den Kellerräumen gemacht? Eingepackt, mitgenommen und in den nächsten dunklen Abstellraum im Untergeschoss verbannt? Sinnlos, oder?

Wieso aber horten wir unbrauchbare Dinge, die seit Jahren keinen Nutzen mehr für uns haben und warum erfinden wir immer neue Ausreden, um sie zu behalten? Was macht es mitunter so schwer, die Mülltonne aufzumachen und es einfach wegzuwerfen? Es wird ja immer gern gesagt, wir leben in einer Wegwerfgesellschaft. Anstatt Dinge zu reparieren, werden sie ersetzt, und selbst wenn Kleidung oder Elektrogeräte noch gut in Schuss sind, muss es der neueste Modetrend oder die aktuellste Technik sein. Anstatt aber den Rest zu verkaufen oder zu spenden, behalten wir ihn. Wir sammeln diese Sachen, weil sie "noch gut" oder "zu schade" sind, sie auf die ewigen Jagdgründe der Müllkippe zu schicken oder einfach so wegzugeben. Ein weiteres Argument: Das könnte man noch mal brauchen ... irgendwann ... also vielleicht ... wenn es überhaupt noch funktioniert nach all den Jahren...

Sie wissen sicherlich, was ich meine.

Das Ende vom Lied: Es stehen zwei Toaster im Keller, ein rostiges plattes Fahrrad, säckeweise Kleidung, die nicht mehr getragen wird, modrige Bücher, Möbel, die in der Feuchtigkeit aufquellen und längst auf den Sperrmüll gehören usw.

Häufig verbinden wir Emotionen oder schöne Erlebnisse mit Gegenständen, die wir immer noch aufbewahren, weshalb es uns so schwer fällt, davon Abschied zu nehmen. Das Kaffeeservice, das wir uns für die erste eigene Wohnung gekauft hatten, das Skateboard, mit dem wir allerlei Tricks konnten usw. Was aber haben diese Sachen für einen Wert, wenn Sie nur im Keller verrotten? Sie brauchen die Dinge nicht mehr und Sie finden diese Gegenstände auch nicht so wichtig, dass sie einen Ehrenplatz in der Wohnung erhalten. Nur um ein altes Skateboard mit kaputten Rollen alle 5 Jahre mal anzusehen, sollten Sie es sicherlich nicht aufbewahren. Einige Gefühle oder Erinnerungen müssen noch nicht einmal gut sein, wie

Briefe und andere Sachen, die uns an eine verflossene Partnerschaft erinnern, welche in Tränen und Schmerz endete.

Und wozu führen all diese Ausreden, solche trostlosen und unnützen Dinge aufzubewahren? Richtig, zu einem vollgestopften Keller, in dem sich nichts wiederfindet, in dem Kisten sich bis zur Decke auftürmen und deren Inhalt Sie nicht einmal (mehr) kennen.

Befreien Sie sich von diesem Ballast und der ganzen Unordnung. Lassen Sie alte Gefühle los und wappnen Sie sich für neue, bessere Zeiten. Aufräumen und Entrümpeln heißt immer auch, mit der Vergangenheit Frieden zu schließen und von nun an in die Zukunft zu blicken.

5.2.2 Motivation aufbauen

Sie stehen bereits an der Treppe und sehen nach unten. Es sind eigentlich nur wenige Stufen bis ins Untergeschoss und doch hält Sie etwas zurück. Ihre Füße werden mit einem Mal schwer wie Blei und der innere Schweinehund kläfft und grunzt, dass es doch so viel schönere Sachen zu erledigen gibt. Sie blicken darum einfach weiter starr hinunter und schauen und schauen und schauen. Schließlich gewinnt dieses innere Mistvieh die Oberhand, Sie wenden sich ab und gehen angenehmeren Aktivitäten nach, als endlich Ordnung in das Kellerchaos zu bringen. Der Schweinehund ist zufrieden und grinst triumphierend von Ohr zu Ohr und insgeheim tun Sie dies auch.

Ja, Madame Missou weiß, dass der erste Schritt bekanntlich

der schwerste ist. Was sollten Sie also tun, um voller Elan die bevorstehende Aufgabe anzupacken?

Visualisieren

Stellen Sie sich vor, wie Sie die Stufen hinuntergehen, das Licht einschalten, die Kellerräume inspizieren und schließlich den ersten Karton öffnen und die darin befindlichen Sachen durchsehen. Wieso Sie das tun sollten? Nun, in Gedanken die bevorstehenden Arbeitsschritte durchzuspielen und sich genau auszumalen, was getan werden muss, kann die spätere tatsächliche Arbeit erheblich erleichtern. Das glauben Sie mir nicht? Immerhin trainieren so die Navy Seals und das sind ganz harte Burschen bei einer Spezialeinheit der US Navy. Sich eine Aufgabe wiederholt mental vorzustellen lässt den ersten Schritt viel einfacher erscheinen, weil die Situation durch die Visualisierung bereits vertraut ist. Im Grunde genommen ist es so, als hätten Sie bereits angefangen oder schon einmal das Projekt "Keller entrümpeln" erfolgreich gemeistert. Wenn Sie nun (eigentlich zum ersten Mal) die Kellerräume betreten denkt Ihr Verstand "Und weiter geht's", obwohl Sie gerade erst anfangen. Und mal ehrlich: Sie brauchen keine militärischen oder taktischen Manöver durchspielen, sondern lediglich ein bisschen aufräumen. Ein Klacks, oder?

Arbeiten Sie im Team

Alleine klar Schiff zu machen ist doof und langweilig? Dann trommeln Sie Ihre Familie oder Freunde zusammen und gehen Sie gemeinsam an Deck! Wer im Team arbeitet, hat mehr Spaß, kann sich zwischendurch (die weiblichen Leserinnen ersetzen das letzte Wort gerne durch permanent) unterhalten und miteinander alte Sachen sichten. Wetten, dass Sie Dinge finden, zu denen es nette Anekdoten gibt? Schön, wenn Sie diese mit anderen teilen können. Außerdem sind Freunde prima Helfer, wenn es um Entscheidungen geht. Wegschmeißen oder lieber nicht? Außenstehende betrachten einen Gegenstand eher nüchtern und nicht so subjektiv und emotional wie wir. Sie können uns bestimmt überzeugen, dass es nicht lohnt, an jeder verstaubten Kleinigkeit festzuhalten.

Nach der ganzen Schufterei können Sie sich alle zusammen noch etwas gönnen. Schmeißen Sie einen Grillabend für die Helfer, spendieren Sie ein kühles Bier oder revanchieren sich nach Belieben anderweitig.

Erfreuen Sie Ihre Ohren

Es ist bereits deprimierend genug im modrigen Keller zu hocken und alte, staubige Kisten durchzusehen. Das Einzige, was noch schlimmer sein kann, ist dies in völliger Stille zu tun. Wenn Sie also niemanden haben, der Ihnen hilft oder Sie in verschiedenen Räumen arbeiten, dann nehmen Sie eine portable Musikanlage mit und statten Sie sich mit ausreichend fetziger Musik aus. Mit einem Lied auf den Lippen und einem wippenden Fuß geht es gleich ein bisschen einfacher und es macht mehr Spaß.

Sie können natürlich auch ein lustiges Hörbuch einlegen oder wie wäre es mit einem spannenden Krimi. Vielleicht finden Sie ja einen, bei dem der Mörder gern in dunkle

Keller einsteigt. Na, wenn Sie das nicht auf Touren bringt, und motiviert mit dem Etappenziel schneller fertig zu werden.

Gönnen Sie sich kleine Belohnungen

Unterteilen Sie Ihre Aufräumaktion in Teilschritte, anstatt alles an einem Tag meistern zu wollen. Überlegen Sie dabei im Vorfeld, mit welcher netten kleinen Belohnung Sie sich bei Erreichen eines der Ziele beschenken möchten. Dies könnte ein Kinobesuch sein, ein schönes ausgiebiges Schaumbad, das neue Modemagazin, dass Sie bereits gekauft, aber noch nicht gelesen haben, eine Pizza, ein Treffen mit Freunden im Pub um die Ecke oder was auch immer Sie motiviert durchzuhalten. Natürlich sollten Sie nicht in Versuchung geraten und sich die Belohnung schnappen, obwohl eine Etappe nicht geschafft wurde. Geben Sie vorzeitig auf, wird der kleine Bonus auf das nächste Mal verschoben.

Freuen Sie sich auf das Endergebnis

Vorfreude ist ja bekanntlich die schönste Freude, also warum nicht jetzt schon ein wenig planen, was Sie mit dem Keller alles anstellen werden, wenn er erst mal entrümpelt und aufgeräumt ist? Wie wird oder soll es Ihrer Meinung nach am Ende aussehen? Möglicherweise wird einer der Räume sogar völlig leer sein, wenn sich das Chaos gelichtet hat. Wie also möchten Sie den neu gewonnenen Raum gern nutzen? Seien Sie kreativ und merken Sie schon jetzt für jeden Kellerwinkel vor, wie er gestaltet werden soll. Um Ihren Ideen nachgehen zu können und sie Realität werden zu lassen, legen Sie bestimmt einen Zahn zu.

Wenn Sie diese Motivationstipps beherzigen, gehen Sie beim nächsten Gang zur Kellertreppe bestimmt beherzt hinunter und legen los. Verpassen Sie Ihrem inneren Schweinehund also einen Maulkorb und bringen Sie ihn zum Schweigen. Der Anfang mag schwer sein, aber dafür werden Sie am Ende mit einem wundervollen und ordentlichen Keller belohnt, der sich sehen lassen kann.

5.3. Tipps zum erfolgreichen Entrümpeln

Alles wird erst mal schlimmer, bevor es besser wird. So habe ich es schon viele Male selbst erlebt. Mit frischem Elan macht man sich an eine bevorstehende Arbeit, und obwohl man Ordnung schaffen wollte, regiert plötzlich das Chaos. Was ist passiert? Nun, im Übereifer wollten Sie vermutlich zu viel des Guten und haben sich gleich an mehreren Baustellen versucht. Trotzdem kann man die Lage retten und ihrer erneut Herr werden, aber die ganze Unordnung demotiviert und das eigentliche Ziel scheint weiter weg, als je zuvor.

Besser ist es, sich in Ruhe einen Plan zurechtzulegen, Etappen einzuteilen und immer erst eine Aufgabe zu bewältigen, ehe man zu nächsten übergeht. In diesem Kapitel möchte ich Ihnen einige Möglichkeiten aufzeigen, wie Sie das Entrümpeln und Sortieren in geordnete Bahnen lenken und Stück für Stück Ordnung in die Kellerräume bringen.

5.3.1 Teilziele setzen

Rom wurde nicht an einem Tag erbaut und Ihr Keller wird sicherlich nicht an einem Tag ordentlich. Starten Sie also keinesfalls eine Hau-Ruck-Aktion, wenn Sie Ihr Untergeschoss entrümpeln möchten. Schnell wandelt sich die anfängliche Motivation in Frust um, wenn das Chaos plötzlich noch größer und die Aufgaben schier übermächtig erscheinen. Die Versuchung einfach aufzugeben und alles so zu belassen, wie es ist, wird mit einem Mal zuckersüß und sehr verlockend. Und Sie wollen doch die Lampe nicht wieder ausschalten und sich leise die Treppe nach oben schleichen, oder?

Damit es erst gar nicht so weit kommt, gilt es, sich von Anfang an kleine Ziele zu stecken. Ideal sind Wochenziele. Um einen Überblick zu bekommen, sollten Sie also in den Keller hinunter und jeden Raum genau unter die Lupe nehmen. Schätzen Sie den Arbeitsaufwand ein und seien Sie dabei realistisch. Lieber ein bisschen mehr Zeit einplanen, als hinterher ein Ziel nicht zu erreichen, denn das demotiviert. Bewaffnen Sie sich also mit Stift und Schreibblock und notieren Sie, was es in welchem Raum zu erledigen gilt. Dies könnten unter anderem folgende Aufgaben sein:

- Kartons und Kisten sichten und den jeweiligen Inhalt prüfen.

- Ausmisten und Aussortieren.

- Vorräte auf Haltbarkeit prüfen.

- In welchem Zustand sind die Räumlichkeiten (Spinnweben, Feuchtigkeit, schmutziger Boden, Staub, Schimmel usw.)? Muss geputzt werden oder stehen sogar Ausbesserungen an?

- Lagern dort Möbel, die niemand mehr nutzt und die unnötig Platz wegnehmen?

- Muss Sperrmüll bestellt werden und brauche ich Hilfe beim Tragen?

- Gibt es Gegenstände, die wahllos herumstehen ohne

System?

- Welche Ausrüstung brauche ich für die Aufräumaktion (Behälter zum Entsorgen von unbrauchbaren Sachen, Müllbeutel, Besen, Kehrblech usw.)?

- Wie möchte ich Dinge, die dauerhaft eingelagert oder vorübergehend aufbewahrt werden sollen in Zukunft verstauen? Was brauche ich dafür (Plastikboxen, Regalsysteme, Haken, Kartons, Etiketten usw.)?

Unterteilen Sie die nun anstehenden Arbeiten in kleine Arbeitsschritte. Wie klein diese werden, ist dabei ganz Ihnen überlassen. Sie können sich jede Woche einen kompletten Kellerraum als Ziel setzen, oder Sie fangen mit kleineren Abschnitten an, indem Sie sich ein Regal vornehmen, eine bestimmte Anzahl an Kartons, die Hälfte eines Raumes usw.

5.3.2 Zeitlimit festlegen pro Aufräumaktion

Eine weitere Möglichkeit am Ball zu bleiben und den Ansporn nicht zu verlieren sind Zeitlimits. Wenn Sie sich endlich in den Keller hinunter wagen möchten, um dort Schritt für Schritt für Ordnung zu sorgen, dann setzen Sie einen vorher festgelegten zeitlichen Rahmen. Ob 30 Minuten, 1 Stunde oder gar 4 Stunden ist egal und hängt allein von Ihrer Motivation ab. Nehmen Sie eine Eieruhr mit oder nutzen Sie den Wecker Ihres Handys. Wenn der Alarm ertönt, sind Sie erlöst und dürfen alles stehen und liegen lassen. Natürlich ist es super, falls Sie noch genug Power haben, um weiter zu machen und dies auch voller Eifer möchten. Denn ist ein Anfang erst mal gemacht, läuft es manchmal wie am Schnürchen. Also Ärmel hochkrempeln, den Alarm erneut auf eine von Ihnen gewünschte Zeit setzen und weiter geht's!

5.3.3 Sorgen Sie für gute Beleuchtung

Bei schummriger Beleuchtung zu Arbeiten ist nicht gut für die Augen, macht müde und Sie sehen mitunter gar nicht, was sich alles in den Boxen und Ecken versteckt. Tauschen Sie darum Glühbirnen im Keller am besten gegen helle Tageslichtlampen aus. Sie können auch einen Deckenfluter oder eine Schreibtischlampe aufstellen, um gezielt dunkle Nischen auszuleuchten. Wer es ganz professionell möchte, leiht sich eine Bauleuchte im Baumarkt seines Vertrauens.

5.3.4 Ausmisten mit System

Schnappen Sie sich fünf Kartons oder Wäschekörbe und beschriften Sie diese mit: Verkaufen, Behalten, Spenden, Reparieren, Vielleicht. Stellen Sie die Behälter im Kellerflur auf oder direkt vor dem Raum, in dem Sie gerade aufräumen möchten. Sie fragen sich, warum es keinen Karton mit dem Hinweis "Wegwerfen" gibt? Gut aufgepasst! Nun, die Erfahrung hat leider gezeigt, dass Dinge, die für das Auge gut sichtbar in einer offenen Box abgelegt werden, am Ende doch auf mysteriöse Weise ihren Weg zurück in die Regale finden. Wieso? Wir werden durch die ständige Konfrontation mit ihnen in Versuchung gebracht, und zwar immer dann, wenn wir eine weitere

Sache dem Karton hinzufügen wollen. Sind wir uns auch nur eine Spur unsicher, ob der Gegenstand tatsächlich in den Müll gehört, so wird das Ausmisten zur Geduldsprobe. Sätze, wie "Ist doch zum Wegschmeißen viel zu schade" oder "Vielleicht kann ich das noch mal gebrauchen" huschen durch Ihren Kopf und Ihre Hand wird magisch von diesem unbrauchbaren Gerümpel angezogen und wieder herausgefischt.

Darum lautet der Geheimtipp von Madame Missou: Besorgen Sie große, blickdichte und dunkle Müllsäcke. Frei nach dem Motto "Aus den Augen, aus dem Sinn" wandert Unrat und Unbrauchbares jetzt dort hinein. Und zwar für immer. Oder wollen Sie nach getaner Arbeit den Müll durchwühlen und nach Dingen suchen, die Sie unter Umständen, irgendwann, ganz vielleicht noch mal brauchen könnten? Eben!

Wichtig: Achten Sie bitte darauf, Müll zu trennen und werfen Sie nur in den Sack, was in der grauen Tonne landen soll. Papier, Glas und Sondermüll am besten schon vorsortieren, dann haben Sie hinterher weniger Arbeit.

Behalten:

Alles, was Ihnen am Herzen liegt, Sie regelmäßig benutzen, nur saisonal im Keller gelagert wird (wie z.B. Gartengeräte und Winterkleidung) oder Sie zum Schutz dort unterbringen, landet in diesem Korb. Dies sind die Sachen, die nach der Entrümpelungsaktion einen neuen und festen Platz im Keller finden werden.

Reparieren:

Diverse Elektrogeräte, Fahrräder, Spielzeuge etc. landen manchmal im Keller, weil etwas daran kaputt ist. Eigentlich sollte ihr Aufenthalt im Untergeschoss nur temporär sein, denn schon lange wollen Sie eine Reparatur vornehmen, haben es aber bis jetzt erfolgreich vor sich herschieben können (Den Schweinehund sollte man wirklich öfter an die Kette legen!). Nun ist die Zeit gekommen und es heißt "jetzt oder nie"! Liegen einige der Sachen nach einem Monat immer noch kaputt in der Kiste, werden sie umgehend entsorgt. Ohne Wenn und Aber!

Verschenken/Spenden:

Die perfekte Box für alles was "zu schade" für den Müll ist. Jetzt haben Sie keine Ausrede mehr. Tun Sie etwas Gutes und spenden Sie brauchbare aber für Sie mittlerweile unnütze Dinge einer gemeinnützigen Organisation oder fahren Sie zur nächsten Altkleidersammlung. Auch Studenten freuen sich über ein Möbelstück oder den alten Röhrenfernseher, der bei Ihnen schon lange durch einen modernen LCD-Fernseher ausgetauscht wurde.

Verkaufen:

Alles, was Sie anstatt kostenlos abzugeben lieber noch in ein paar Euro umwandeln wollen, gehört in diese Kiste. Sie sollten nach dem Entrümpeln allerdings zeitnah damit auf einen Flohmarkt gehen oder die Sachen auf Onlineplattformen zum Verkauf anbieten oder versteigern. Auch hier gilt: Was nach spätestens einem Monat nicht verkauft ist, landet doch noch im Müll, oder Sie verschenken es.

Vielleicht:

Für all die wirklich Unentschlossenen ist diese Sparte beim Ausmisten gedacht. Versuchen Sie, einen wirklich kleinen Karton zu finden, damit am Ende nicht doch so gut wie alles dort drinnen landet. Dieser wird im Anschluss mit Datum beschriftet und kommt an einen gut sichtbaren Ort im Keller. Wenn Sie ins Untergeschoss gehen sollten und das Datum auf dem Karton ist bereits überschritten, überlegen Sie einmal genau: Was ist eigentlich da drinnen? Wenn Sie es wissen und die Dinge immer noch nicht rausrücken wollen, dann haben all diese Kleinigkeiten gewonnen und dürfen im Keller bleiben. Falls Sie hingegen keinen Schimmer haben, heißt es "Bye, bye und auf nimmer Wiedersehen!" ohne einen weiteren Blick hineinzuwerfen.

Sie können alternativ auch ein Limit festlegen. Fünf Dinge dürfen in den Behälter hinein, kommt Kandidat Nummer Sechs, muss dafür ein anderer weichen und kommt in die Tiefen des Müllsacks. So behalten Sie am Ende nur die fünf wichtigsten Dinge.

5.3.5 Was sollten Sie unbedingt behalten?

Kurz gesagt: alles was Sie glücklich macht. Die Kunstmappe Ihrer Kinder mit den ersten Wassermalbildern dürfen Sie gerne behalten und wenn Sie mögen auch ein paar Strampler oder kleine Babyschühchen. Gleiches gilt für die alte Kommode Ihrer Großeltern, die Sie aus

Platzmangel nicht in die Wohnung stellen können usw.

Aber was ist mit den ganzen anderen Dingen? Die können Sie unmöglich alle glücklich machen. Und verwechseln Sie Glück bitte nicht mit Erinnerung. Oft haben Gegenstände zwar einen emotionalen Wert und sind wie ein kleines Fenster in unsere Vergangenheit, aber Sie machen uns traurig oder wehmütig. Vielleicht brauchen Sie diese Sachen auch gar nicht, um sich zu erinnern. Immerhin lagern einige Gegenstände schon Jahre im Keller und dennoch ist das Gedächtnis frisch.

Und mal ehrlich: Wenn so viele Sachen Sie fröhlich machen, warum versauern sie dann im Keller und befinden sich nicht irgendwo oben in der Wohnung? Aha! Sehen Sie, so wichtig sind diese Dinge dann doch nicht.

Hier einige Fragen, die Ihnen bei der Entscheidung helfen könnten, und beantworten Sie diese bitte ehrlich.

1. Zu welchem Zweck habe ich mir das ursprünglich gekauft und erfüllt es diesen immer noch? (Ja: weiter bei 2 / Nein: weiter bei 4)

2. Habe ich den Gegenstand im letzten Jahr wenigstens einmal hervorgeholt und benutzt? (Ja: weiter bei 3 / Nein: weiter bei 4)

3. Wusste ich überhaupt noch, dass ich es besitze? (Ja: weiter bei 4 / Nein: weiter bei 5)

4. Falls es kaputt oder beschädigt ist: Kann ich es reparieren oder reparieren lassen? (Ja: weiter bei 5 / Nein: weiter bei Fazit B)

5. Werde ich es ab jetzt wieder regelmäßig benutzen?
   (Ja: weiter bei Fazit A / Nein: weiter bei Fazit C /
   Vielleicht: weiter bei 6)

6. Wenn ich es heute entsorge, könnte ich im
   Bedarfsfall für gleichwertigen Ersatz sorgen? (Ja:
   weiter bei C / Nein: weiter bei Fazit A)

Fazit A: Behalten

Fazit B: Wegwerfen

Fazit C: Spenden/Verschenken/Verkaufen

5.3.6 Was sollte auf jeden Fall entsorgt werden?

Manchmal schlägt einem der muffelige und typische
Geruch schon beim Betreten des Kellers entgegen.
Meistens wird er durch Feuchtigkeit in schlecht isolierten
Räumen verursacht und setzt sich auch in
Kleidungsstücken, Büchern, Stofftieren oder anderen
Sachen fest. Im schlimmsten Fall verursacht ein feuchter
Keller gesundheitsschädlichen Schimmel und die damit
einhergehenden frei fliegenden Sporen. Nicht nur an
Wänden, sondern auch an und in den Kartons, die dort
lagern. Prüfen Sie daher beim Aussortieren alle
Gegenstände auf mögliche Schäden. Unterschätzen Sie
auch Ungeziefer und Schädlinge nicht, die sich gern in
alten Möbeln einnisten oder sich in Matratzen knabbern.
Während Sie einen Schrank zur Not noch auswischen und
so von Spinnen und Co. befreien können, sollten Textilien,
Matratzen und Bücher, die durch Nager oder Schimmel in
Mitleidenschaft gezogen wurden besser entsorgt werden.

Kleidung, die müffelt, kann durch einen Waschgang wieder herrlich frisch riechen. Manchmal haben sich allerdings bereits hässliche Stockflecken gebildet, die nur schwer wieder rausgehen. Fragen Sie sich, ob der Aufwand sich lohnt oder ob die Kleidungsstücke sowieso nie wieder getragen werden. Solche Flecken findet man gelegentlich auch auf Möbeln. Hier hilft in der Regel nur abschleifen und neu lackieren.

Folgende Gegenstände sollten Sie (teils Ihrer Gesundheit zuliebe) also unbedingt entsorgen:

Feuchte Kartons

Sie können reißen und den Inhalt auf dem Boden verteilen. Die Wahrscheinlichkeit, dass sich auf ihrer Oberfläche oder im Inneren Schimmel bildet, ist erhöht

Alte Matratzen

Sie nehmen oft einen starken Kellergeruch an und es entstehen Stockflecken. Außerdem können Nager und anderes Ungeziefer sich häuslich darin niederlassen.

Zu lange gelagerte Bücher/Zeitungen/Magazine

Muffig riechende Bücher und anders aus Papier werden diesen Geruch nicht mehr los. Sie sollten diese darum nur unbedingt behalten, wenn es Liebhaberstücke sind. Auf dem Flohmarkt haben Sie mit diesen Stinkbomben wohl eher kaum eine Chance. Feuchte Bücher kann man hingegen oftmals noch retten und trockenlegen, jedoch sollte man bei beginnender Schimmelbildung besser davon absehen.

Quellende Möbel

Stockflecken auf Möbelstücken können bei Bedarf entfernt werden, jedoch dringt manchmal Feuchtigkeit ins Holz und lässt es aufquellen. Türen können nicht mehr geschlossen werden, der Lack platzt ab usw. Eine Reparatur mit Ersatzteilen ist aufwendig. Lieber entsorgen, bevor auch hier Schimmel entsteht.

Eingetrocknete Wandfarbe und Lacke

Nach dem Umzug oder nach einer Renovierung werden Farben und Lacke gern aufbewahrt, da man sie noch benutzen kann. Mit der Zeit trocknen sie jedoch ein und werden unbrauchbar. Weg damit!

Alte Textilien

Was Sie nicht mehr tragen oder beschädigt ist kann weg oder wird ggf. gespendet. Mit Secondhand-Kleidung lässt sich heutzutage kaum noch Geld machen, Sie können es aber auf einem Flohmarkt versuchen. Besonders Babykleidung findet noch Absatz.

5.3.7 Wohin mit unbrauchbaren Dingen?

Sie können erstaunlich viel über den Hausmüll entsorgen, allerdings ist die Tonne oft zu klein, um alles in einem Rutsch loszuwerden. Falls Sie in einem Mietshaus wohnen und sich alle Parteien die Mülltonnen teilen, möchte man außerdem nicht den Groll der Nachbarn auf sich ziehen. Falls Sie Unrat für die graue Tonne nicht im Keller zwischenlagern möchten (Sie wissen ja "Aus den Augen, aus dem Sinn), fragen Sie bei Ihrer Gemeine, ob es möglich ist eine größere Menge Abfall über kostenpflichtige, speziell gekennzeichnete Mülltüten zu entsorgen. Falls dies nicht machbar ist, mieten Sie einen kleinen Hänger und fahren Sie zum Wertstoffhof. Dann können auch gleich Elektro- und Metallschrott, Styropor, Glas, alte CDs, Dispersionsfarben und vieles mehr abgeben. Der Großteil wird sogar völlig kostenfrei von der Stadt angenommen. Die Öffnungszeiten finden Sie meist online, gemeinsam mit einer Liste aller Dinge, welche die Sammelstelle annimmt. Falls Sie dann einmal unterwegs sind, machen Sie doch gleich einen Schlenker beim Schadstoffhof und geben hier alle gefährlichen Abfälle ab, wie Säuren, Altöl und Motoröl, Lacke, Rostschutz, Terpentin-Ersatz und Lasuren, Autobatterien, Leuchtstoffröhren, Rattengift usw. In einigen Regionen gibt es auch Schadstoffmobile, die zu festen Terminen bestimmte Orte in Ihrer Nähe anfahren. Dort können Sie jedoch nur kleine Mengen abgeben.

Bücher, Papier und Pappe werden selbstverständlich über die blaue Altpapiertonne entsorgt, können bei Bedarf aber auch mit zum Wertstoffhof genommen werden. Für den ganzen Sperrmüll erfragen Sie bei Ihrer Gemeinde die nächsten Abholtermine. Diese sind oft viertel- oder halbjährlich. Ich empfehle Ihnen, ein paar Wochen zuvor mit der Aufräumaktion im Keller zu starten, das schafft ein bisschen Zeitdruck, um bis zum Stichtag fertig zu werden.

Haben Sie einen wirklich großen Keller und sehr viel zu entsorgen, gibt es die Möglichkeit einen Container zu bestellen, der direkt vor Ihrem Haus abgestellt wird und nach einer vorher vereinbarten Frist wieder abgeholt wird.

Erkundigen Sie sich nach den verschiedenen Volumina und welcher für Sie am ehesten infrage kommt.

5.3.8 Tipps zur Sicherheit

Wenn es um die Sicherheit geht, wird der Keller erstaunlich oft vernachlässigt. Dabei kann hier genauso viel passieren, wie im Rest des Hauses. Gerade wenn es um Einbrüche geht, vernachlässigen viele den Schutz von Türen, Fenstern und Kellerschächten. Dennoch gibt es gerade hier Sicherheitslücken, die es zu beheben gilt. Gibt es eine Außentür zum Garten hin, sollte sie stabil und mit einem Sicherheitsschloss ausgestattet sein. Die Kellerfenster hingegen sind leider oft leicht aufzuhebeln und Diebe verschaffen sich durch die Kellerschächte nicht selten unbefugten Zutritt. Darum achten Sie auf Qualitätsfenster mit Einbruchschutz. Wohingegen Gitterrostsicherungen mit Spezialschlössern zusätzlich die Schächte schützen und auch Ihre Kinder, die am Haus spielen und abstürzen könnten. Keine Sorge: Dank der speziellen Schlösser, die sich von innen leicht öffnen lassen, können die nach draußen führenden Schächte immer noch als Fluchtwege benutzt werden. Dies ist besonders wichtig, falls der Keller als zusätzlicher Wohnraum genutzt wird oder sich ein Partykeller dort befindet.

Manchmal werden einige Schäden sogar erst viel später entdeckt, weil sich nur selten jemand in den Kellerräumen aufhält. Dies gilt vor allem bei Wasserschäden. Ein Rohrbruch, Sturm oder drückendes Wasser, welches durch die Wände eindringt und schon ist der Keller feucht oder läuft voll Wasser. Um solche Schäden frühestmöglich zu erkennen, gibt es spezielle Wasser-Warn-Melder. Sie reagieren mit einem durchdringenden akustischen Ton, wenn die Feuchtigkeit zu hoch wird, oder wenn sie mit Wasser in Berührung kommen. Platzieren Sie den Melder einfach in der Raummitte auf dem Boden. Erhältlich sind diese Frühwarnsysteme in jedem Baumarkt, genau wie ihre Brüder die Rauchmelder. Auch diese sind für Kellerräume sehr zu empfehlen. Falls dort mal ein Feuer ausbrechen sollte, dauert es unter Umständen nämlich sehr lange, bis die überirdischen Melder dies registrieren. Rauchmelder kosten nur ein paar Euro und sind leicht in der Wartung und einfach anzubringen.

5.3.9 Keller erfolgreich entrümpelt? – Endspurt!

Zum Abschluss des Entrümpelungsmarathons heißt es noch einmal die ganze restliche Motivation zusammenkratzen und auf in den Endspurt.

Sichten Sie die Keller und prüfen Sie Wände und Fenster auf Feuchtigkeit. Wenn es in den Räumen sehr stark muffig riecht, ist dies oft ein erstes Anzeichen, dass irgendwo Wasser eindringt. Bevor Sie mit dem Trockenlegen beginnen, sollten Sie am besten die Quelle des Übels ausmachen und ggf. vom Fachmann begutachten lassen. Ist der Schaden gering, können Sie selbst das Entfeuchten übernehmen. Gutes Equipment gibt es im Baumarkt Ihres Vertrauens, das Sie entweder kaufen oder oft auch einfach mieten können. Gute Dienste leisten beispielsweise

Gasheizstrahler, Elektroöfen, Ventilatoren zur Unterstützung beim Durchlüften und wiederverwendbare Entfeuchtersäcke, die in die Räume gelegt, und nachdem sie vollgezogen sind, wieder getrocknet werden.

Achten Sie beim Rundgang auch auf möglichen Schimmelbefall und ziehen Sie am besten einen Profi hinzu. Mit Schimmel ist nicht zu spaßen! Er kann zu ernsthaften Erkrankungen wie Asthma oder Allergien führen.

Wenn nun einmal der Keller gelichtet und von jeglichem Unrat befreit ist, sollten Sie zudem überlegen, ob Sie Veränderungen vornehmen möchten, wie die zuvor genannten Sicherheitslücken zu schließen, Wände zu verputzen oder zu streichen, den Betonboden mit Fliesen oder PVC auslegen, mehr Licht installieren usw. Jetzt wäre der richtige Zeitpunkt dafür.

Zu guter Letzt fegen bzw. wischen Sie noch den Fußboden, putzen die Kellerfenster, befreien die Ecken von Spinnweben und entstauben vorhandene Boxen, Kartons, Regale oder andere Möbelstücke.

Glückwunsch! Jetzt können Sie sich erst mal den Schweiß von der Stirn wischen und den Staub abklopfen, bevor es in die nächste Runde geht.

5.4. Tipps zum Einräumen und Ordnung halten

Der Löwenanteil ist geschafft und nun geht es an den weitaus angenehmeren und weniger schweißtreibenden Teil. Madame Missou verrät Ihnen in diesem Kapitel Tipps und Tricks, wie Sie die Unordnung ein für alle Mal verschwinden lassen, System in Ihre eingelagerten Sachen bringen und in Zukunft alles ruck zuck wiederfinden.

Bleibt nur noch zu fragen: Haben Sie sich von der Entrümpelungsaktion halbwegs erholt? Prima! Dann kann es ja weitergehen.

5.4.1 Wie Sie Ihr Inventar vor Schimmel schützen

Um Ihr Hab und Gut vor Feuchtigkeit zu schützen, sollten Kartons oder Boxen nie auf dem Fußboden abgestellt werden und auch nicht zu dicht an der Wand stehen. Dies begünstigt die Bildung von Schwitzwasser und Schimmel. Bei offenen Regalsystemen die Boxen demnach nie ganz bis hinten durchschieben. Falls Sie die Möglichkeit haben, an Paletten zu kommen, ist dies für den Keller eine tolle Lösung. Einfach im Bau- oder Supermarkt nachfragen, ob welche abzugeben sind oder im Internet nach Palettenhändlern stöbern. Die Holzpaletten können Sie an einer Wand im Keller aufreihen und die Kartons anschließend darauf lagern. Sie schlagen außerdem zwei Fliegen mit einer Klappe: Sie beugen durch den Abstand zum Boden Schwitzwasser vor und schützen den Inhalt der Boxen, wenn Ihr Keller mal volllaufen sollte. Kommt ein Wasser-Warn-Melder in den Räumen zum Einsatz, so haben Sie nach Erklingen des Alarmtons noch genügend Zeit, wichtige Dinge in Sicherheit zu bringen, bevor der Pegel die Pappkartons erreicht. Eine weniger elegante Lösung, aber mindestens genauso effektiv sind in gewissem Abstand aufgereihte Vierkanthölzer oder Pflastersteine, auf die Sie Dinge lagern können.

Anstatt Pappbehälter würde ich Ihnen übrigens die Verwendung von Plastikboxen mit Deckel empfehlen, wie sie in jedem Baumarkt oder Einrichtungshaus zu finden sind. Diese sind robust und unempfindlich, sollte es mal nass werden und lassen sich leicht entstauben und sauber halten. Es gibt sogar luftdichte Varianten, für die Sie jedoch etwas tiefer in die Tasche greifen müssen, die jedoch hervorragend vor Kellermief schützen.

Auch Schränke und anderes Mobiliar sollten nie eng an der Wand stehen. Sie neigen sowieso schon dazu, im kühlen Keller zu quellen und Schimmel anzusetzen. Falls Sie zu wenig Platz für ein Möbelstück in der Wohnung haben, es aber gerne aufbewahren möchten, so zerlegen Sie es am besten in seine Einzelteile, verpacken es gut und lagern es anschließend platzsparend. Ganz schnell entsteht so mehr freie Fläche und die oft engen Kellerräume wirken gleich ein wenig luftiger.

Wenn Sie etwas Geld investieren möchten, gibt es auch die Möglichkeit ein Klimagerät zu installieren, welches die Luftfeuchtigkeit regulieren kann oder Sie stellen handelsübliche Luftentfeuchter aus dem Baumarkt auf die Regale.

Extratipp: Werfen Sie die kleinen Kieselgelsäckchen (auch Silikagelsäckchen genannt), die oft in Schuhkartons, Verpackungen von Elektroartikeln und vielen Warensendungen zu finden sind, nicht weg. Das darin enthaltene Gel absorbiert Feuchtigkeit und eignet sich hervorragend zum Einsatz im kleinen Stil. Legen Sie ein paar solcher Säckchen in Schubladen, eine Bücherkiste oder Kartons, um Schimmel und zu hoher Feuchtigkeit vorzubeugen.

5.4.2 Die sichere Lagerung von Textilien

Mein absoluter Lieblingstipp, wenn es um das hygienische und platzsparende Aufbewahren von Kleidungsstücken geht, sind Vakuumbeutel. Ich persönlich setze sie gerne bei Kleidungsstücken ein, für die gerade keine Saison ist. Also im Sommer für die Winterkleidung und umgekehrt. Vakuumbeutel sehen aus wie riesige Gefrierbeutel und haben an einer Seite einen Zippverschluss und auf der Oberseite ein Loch. Legen Sie saubere Kleidung (oder Kissen, Decken, Handtücher, Bettwäsche etc.) zusammengefaltet in die Beutel, schließen Sie den Zipper, setzen Sie den Staubsauger (natürlich ohne die Bürste) an das Loch und saugen nun einfach die überschüssige Luft hinaus. Sie werden überrascht sein, wie flach der Vakuumbeutel danach aussieht, denn das Volumen wurde um bis zu 75% reduziert. Und das Beste: Die Beutel schützen die Textilien vor Geruch, Feuchtigkeit und Ungeziefer und lassen sich bei Bedarf einfach abwischen und wiederverwenden.

Besitzen Sie keine Vakuumbeutel, können Kleidung und Co. auch in Plastiktüten oder robusten Müllbeuteln aufbewahrt werden. Die Tüten sollten gut verschlossen und anschließend in einem Karton oder alten Kleiderschrank deponiert werden. Übrigens, wenn Sie mögen, können Sie ein Duftbäumchen im Schrank aufhängen oder eine geöffnete alte Parfumflasche hineinstellen. Dies kann Kellergeruch auch vorbeugen.

Die Auflagen für Gartenmöbel können ebenfalls gerne in Vakuumbeuteln versiegelt werden. Auf jeden Fall aber sollten die Sitzkissen unbedingt gut verpackt sein, damit Staub und Mief das erste Gartenerlebnis im Frühling nicht trüben. Bei einer offenen Lagerung im Regal laufen Sie sonst außerdem Gefahr, dass sich kleine und große Spinnen dort schnell heimisch fühlen und zwischen den Auflagen ihre Eier legen, um Nachwuchs aufzuziehen. Klingt vielleicht eklig und Ihnen stellen sich vielleicht gerade die Nackenhaare auf, aber Madame Missou spricht aus Erfahrung.

Zu guter Letzt: Falls Sie Kinder haben, die es nicht übers Herz bringen den geliebten Teddybär oder andere Kuscheltiere in die Mülltonne zu werfen ("Verflucht seist du Toy Story!"), gelten natürlich die gleichen Regeln und Tipps, wie oben. Wir jedenfalls lagern haufenweise alte Stofftiere und haben bisher vergeblich versucht, sie in den Vakuumbeuteln zu ersticken. Ihre platt gedrückten Gesichter grinsen einen nur freudestrahlend an. Bis zur Unendlichkeit und noch viel weiter vermutlich.

5.4.3 Eins rein, eins raus!

Ein sehr alter und simpler, aber immer noch bewährter Trick, um neuen Gerümpelansammlungen im Keller vorzubeugen ist die "Eins rein, eins raus" - Methode. Jedes Mal, wenn in der Wohnung oder im Haus etwas auserkoren wird, das in den Keller wandern soll, so muss dafür ein bereits eingelagertes Teil aus dem Untergeschoss verschwinden. Beschließen Sie womöglich, dass der Schuhschrank von nun an sein Dasein im Dunkeln fristen wird, so kann zum Beispiel das unnütze Skateboard endlich weichen.

Ziehen Sie diese Methode konsequent durch, werden Sie niemals wieder diese Chaos-Zustände im Keller vorfinden. Ein netter Nebeneffekt: Sie sortieren im kleinen Stil immer mal wieder aus. Bringen Sie fünf Gegenstände hinunter, tragen Sie fünf andere wieder hinauf zum Entsorgen. Wirklich altes und unbrauchbares Gerümpel wird so nach und nach immer mal wieder entsorgt und durch neuere Dinge ersetzt.

5.4.4 Vorsicht Gerümpelfalle

Ob aufgebaute Möbel im Keller Segen oder eher Fluch sind, hängt viel mit Ihrer persönlichen Willenskraft zusammen. Schränke oder Kommoden verleiten nämlich dazu, Kleinkram einfach lose hineinzustopfen. Hinterher wird schnell die Tür oder Schublade geschlossen und fertig ist die Gerümpelfalle. Sie haben zwar ein schlechtes Gewissen, denken sich jedoch "es sieht ja niemand von außen".

Mit etwas Disziplin lassen sich Möbelstücke hingegen wunderbar als Stauraum nutzen. Alte Kleiderschränke können unter anderem mit gut verpackten Textilien bestückt werden, mit Vorräten wie Konservendosen oder schönen Dekoartikeln, die in unterschiedlichen Boxen oder Schuhkartons vorsortiert wurden. Auch eine neue Funktion im Werkkeller ist denkbar, um darin Schrauben, Nägel und Werkzeug geordnet aufzubewahren.

Benutzen Sie aber wirklich nur Möbel, die tatsächlich zum Verstauen gebraucht werden oder wenn viel Platz vorhanden ist. Denn sperriges Mobiliar benötigt viel Stellfläche und sollte ansonsten lieber abgebaut werden.

5.4.5 Einlagern mit System

1. Regalsysteme

Da Sie mittlerweile einen guten Überblick haben, wie viele Gegenstände noch übrig sind und nun verstaut werden wollen, notieren Sie am besten, was für eine sichere Lagerung besorgt werden muss. In Baumärkten und Möbelhäusern finden Sie eine große Auswahl an Regalsystemen für jeden Geldbeutel, die sich bei Bedarf mit verschiedenen Elementen wie Schubladen oder Weinfächern erweitern lassen. Ob Holz, Metall oder Plastik ist ganz Ihrem Geschmack überlassen.

2. Plastikboxen mit Beschriftung

Wie bereits erwähnt ist auch die Anschaffung von verschließbaren Plastikbehältern ratsam, da sie robuster und langlebiger als handelsübliche Umzugskartons sind und in verschiedenen Größen angeboten werden. Transparente Container (klar oder gerne auch farbig) erleichtern dabei das Wiederfinden von Gegenständen, wohingegen undurchsichtige Boxen im Regal ordentlicher wirken. Bringen Sie in jedem Fall bei beiden Varianten einen Zettel auf der Vorderseite an, aus dem der genaue Inhalt ersichtlich wird. Schreiben Sie nicht nur "Hobby" auf die Kiste, sondern definieren Sie genauer, z.B. Zelt, Schlafsack, Inlineskates, Tennisschläger usw.

Für den Werkraum eignen sich hingegen Stapelboxen und Kleinteilemagazine für Schrauben, Muttern und Co. und Haken an den Wänden halten sicher das gute Werkzeug, Gartengeräte oder die Schutzausrüstung. Wandhalterungen sind also nicht nur praktisch, sondern sorgen außerdem für mehr freie Bodenfläche, was gleich viel ordentlicher aussieht.

3. Unterteilen Sie in Kategorien

Wie Sie anhand der "Hobby"-Kiste unschwer erkennen können, ist es von Vorteil, Gegenstände nach Kategorien zu sortieren, anstatt alles wahllos in die Behälter hinein zu werfen. Manchmal ist es zudem eine gute Idee, eine größere Kiste mit weiteren kleinen zu unterteilen. Bewährt hat sich dieses System bei diversen Dekoartikeln. Schreiben Sie auf die große Kiste "Deko" und innen auf die kleineren Behälter die Anlässe, wie "Ostern", "Karneval", "Halloween" usw. Und falls Sie genauso verrückt werden möchten wie ich: Meine Weihnachtsdekoration bewahre ich in dutzenden unterschiedlichen Schuhkartons auf, die ich natürlich ebenfalls gewissenhaft beschriftet habe. Es gibt Boxen mit Schleifen, Strohsternen, Holzanhängern, Lichterketten, Lametta, Kugeln und noch viele mehr.

Auch saisonale Artikel wie Gartenstühle, Grill, Ski, Schlitten etc. können nach Jahreszeiten unterteilt gemeinsam aufbewahrt werden. So muss bei Bedarf nicht alles erst mühsam zusammengesucht werden.

Übrigens: Wenn Sie einen Gegenstand wieder ordentlich und mit System in eine Kiste räumen, überlegen Sie noch einmal ganz kurz, ob er es wirklich wert ist, behalten zu werden. Ist einige Zeit seit dem Ausmisten vergangen, ändert sich nämlich manchmal die Sichtweise und man kann sich plötzlich zusätzlich von einigen weiteren Dingen trennen (Na, ist das Skateboard noch da?).

5.4.6 Der Vorratskeller

Bei Neubauten möchte ich von einer Vorratshaltung von Obst und Gemüse eher abraten, da der Keller oft gut isoliert und die Räume nicht wirklich kalt, sondern angenehm temperiert und trocken sind. Hier würde ich nur einen Vorrat an Konserven empfehlen und vielleicht eine Kartoffelkiste aufstellen, da die Knollen gern dunkel gelagert werden, aber nicht so sehr von einer feuchten und kühlen Umgebung abhängig sind wie anderes Gemüse.

Falls Ihr Keller allerdings dickes Mauerwerk hat, das eine relativ konstant bleibende kühle Temperatur das ganze Jahr garantiert und eine Luftfeuchtigkeit von rund 75-80 % aufweist, dann steht einer Vorratshaltung nichts im Wege.

Stellen Sie einfache Regale auf und bestücken Sie diese mit Holzkisten für Obst und Gemüse. Für einige Sorten benötigen Sie außerdem noch Packpapier, Zeitungen und Sand. Für die Lagerung im Keller eignen sich unter anderem: Kartoffeln, Zwiebeln, Paprika, Kürbisse, Endivien, Möhren, Kohlrabi, Lauch, Radieschen und diverse Kohlköpfe.

5.4.7 Ordnung in der Waschküche

Hoffentlich überspringen die männlichen Leser diesen Part nicht, denn er ist hilfreich, um Zeit und Mühe am Waschtag zu sparen. Oder wollen Sie etwa machomäßig behaupten, der Waschkeller sei reines Frauenterrain und die Waschmaschine komplizierter zu programmieren als ein Computer? Nun, die gute Nachricht ist, dass die Maschine alles von alleine erledigt und Sie nur einige wenige Knöpfe betätigen müssen. Ich habe zwischenzeitlich sogar mal überlegt, die Knöpfe meiner Waschmaschine rot anzumalen und "Bitte nicht drücken" draufzuschreiben. Dann hätte mein Mann sie sicherlich betätigt. Aber Spaß beiseite. Ich habe mir den Macho selbst ausgesucht und Sie müssen ja gar keiner sein. Wie also kann die Arbeit in der Waschküche erleichtert werden und wie wird der vorhandene Platz effektiv genutzt?

Heutzutage muss der Waschraum nämlich kein trostloser und kahler Ort mehr sein, an dem nur die Waschmaschine und der Trockner rumstehen. Im Gegenteil! Es gib mittlerweile tolle Regalsysteme zum Überbauen der beiden Elektrogeräte, die sich beliebig mit Türen, Drahtkörben,

Schubladen und Ablageflächen dem eigenen Bedarf anpassen lassen. Dort findet alles einen Platz: Waschpulver, Weichspüler, Bleiche, Nähkästchen, Bügeleisen, Bürsten, gefaltete Wäsche usw. und es steht ab jetzt nicht mehr alles nur auf der Waschmaschine rum. Übrigens: Sie können Trockner und Waschmaschine auch unter einer Arbeitsplatte aus dem Baumarkt deponieren und die Fläche darüber zum Wäschefalten oder als Abstellfläche nutzen.

Es macht auch Sinn, Kleiderstangen mit verschiedenen Bügeln oder spezielle Hosenhalter an den Wänden anzubringen, auf denen Wäsche platzsparend getrocknet oder nach dem Bügeln ordentlich aufgehängt werden kann. Das klassische Wäschereck kann hingegen bei Nichtgebrauch an Haken an der Wand aufgehhängt werden, direkt neben dem Bügelbrett.

Auch praktisch: Säcke oder Wäschekörbe, in die Schmutzwäsche bereits vorsortiert ist, werden nach Bunt- und Kochwäsche sowie schwarz und weiß getrennt. Ist ein Korb voll, landet der Inhalt umgehend in der Maschine. So müssen Sie sich am Waschtag nicht erst durch einen Haufen dreckiger Kleidungsstücke wühlen, um genügend für eine Waschladung zusammenzusuchen.

5.4.8 Dauerhaft Ordnung beibehalten

Wenn Sie das beschriebene "Eins rein, eins raus" - Prinzip beherzigen, halten Sie das Chaos in Schach und der Keller bleibt geradezu mühelos ordentlich und übersichtlich, und dies für lange Zeit. Dennoch sollten vierteljährliche kurze Kontrollen aller Räumlichkeiten erfolgen. Prüfen Sie dabei

Wände und Gegenstände auf Schimmel und Feuchtigkeit und kontrollieren Sie die Verfallsdaten im Vorratsraum. Werfen Sie außerdem einen schnellen Blick in die Boxen und vergleichen Sie den Inhalt grob mit der Inventarliste auf der Vorderseite. Bei dieser Gelegenheit können die Behälter auch gleich entstaubt werden, ebenso wie die Regale und Möbel. Jetzt nur noch Spinnweben beseitigen, kurz fegen und durchwischen und schwupp sind Sie fertig. Alles glänzt und ist herrlich aufgeräumt. Herzlichen Glückwunsch.

5.5 Was tun mit dem neu gewonnenen Platz?

Der Keller ist oft genauso groß, wie der Grundriss der Wohnung darüber, dennoch nutzen wir den ganzen Platz häufig nur als Lagerfläche und Abstellraum für Gerümpel, Erinnerungen und Dinge, bei denen wir sonst nicht wissen wohin. Viele Menschen denken bei Platzmangel sogar über einen Anbau nach, anstatt das Untergeschoss als naheliegendste Möglichkeit in Erwägung zu ziehen. Dabei lassen sich bei genügend Räumlichkeiten tolle Ideen verwirklichen und zusätzlichen Wohnraum zaubern. Die Klassiker bei der Kellergestaltung sind sicherlich der Partykeller, Sauna, Hobbyraum, Vorratsraum und Weinkeller. Doch es gibt noch viel mehr Gestaltungsmöglichkeiten. Madame Missou zeigt Ihnen eine kleine Auswahl. Vielleicht ist ja etwas für Sie dabei, jetzt, wo Ihr Keller picobello aufgeräumt ist und viel freier Platz geschaffen wurde.

Ideen für ...

... das Wohlbefinden

Es muss ja nicht immer nur eine Sauna sein. Wie wäre es mit einem ganzen Wellnessbereich? Ebenerdige Dusche, große Wanne, Liegestühle und Wärmelampen, dazu flauschige Bademäntel, ein bisschen leise Musik und das alles in schöner und entspannter Atmosphäre. Da heißt es tief einatmen, langsam wieder ausatmen und die Ruhe vom stressigen Alltag genießen.

Oder möchten Sie sich lieber mal so richtig auspowern? Ein

Fitnesskeller kommt da gerade recht. Mit Rudergerät, Laufband und Hanteln bauen Sie Stress und negative Energie ab und knackige Muskeln sowie einen stabilen Kreislauf auf. Das hält gesund und Sie sehen obendrein noch besser aus als ohnehin schon.

Eine tolle und außergewöhnliche Idee hat eine Freundin von mir im Keller umgesetzt. Weil Sie Marokko und andere orientalische Länder liebt, hat sie einen Mottoraum entworfen und als ganz persönlichen Rückzugsort gestaltet. Mit wunderschönen Stoffen an der Decke wird hier ein orientalisches Zelt angedeutet und auf dem Boden liegen Perserteppiche und reich bestickte Sitzkissen. Ein Tablett in Hammerschlagoptik steht mit Teekanne und bunten Gläschen in der Mitte des Raumes und lädt zum Verweilen ein. Mosaiktische und orientalische Spiegel runden das Gesamtbild ab und die marokkanischen Lampen und Laternen, mitgebracht aus Marrakesch, stehen in den Ecken und zaubern ein Muster wie aus 1001 Nacht an die Wände.

... die Kinder

Zugegeben, wir wollten Chaos im Keller vermeiden, dennoch ist ein eigener Raum für die Kleinen zum Toben und Spielen eine super Idee. Die Kinderzimmer quillen meist eh über oder manchmal ist Spielzeug schlicht zu groß und nimmt zu viel Platz weg. Super, wenn es dann im Keller einen neuen Einsatzort findet. Sperrige Sachen, wie eine Spielküche zum Beispiel, das Bällebad, Werkzeugbank, Kaufmannsladen, Tischtennisplatte oder Kicker. Sie können an den Wänden auch ein Klettergerüst anbringen oder Turnringe und Schaukel von der Decke baumeln lassen. Zum Faulenzen sind Matten oder Matratzen geeignet mit angrenzender Leseecke oder Musikanlage. Fragen Sie Ihre Sprösslinge nach weiteren Ideen und gestalten Sie gemeinsam ein tolles Zimmer, bei dem es heißt: Zutritt für Eltern verboten!

... die Selbstständigkeit

Ein Home-Office ist im Keller bestens aufgehoben. Hier gibt es kaum Ablenkung und es lässt sich in aller Ruhe arbeiten. Falls Sie das Gefühl im dunklen Keller zu sitzen deprimierend finden, benutzen Sie helle Tageslichtlampen und tricksen Sie sich ein wenig aus. Sie können vor dem Kellerfenster auch einen bodenlangen Vorhang in einer hellen und freundlichen Farbe anbringen und so den Anschein eines Fensters erwecken. Ebenfalls einen Fenstereffekt haben große Wandspiegel.

Kursräume sind auch eine gute Idee, besonders, wenn sie Zugang zu einer Außentreppe haben und Besucher direkt in den Räumlichkeiten empfangen werden können, ohne den Umweg durch Ihre Wohnung machen zu müssen. Und Sie haben natürlich den Vorteil im eigenen Haus zu praktizieren, ohne teure Mieten für Räumlichkeiten zu bezahlen und eine Anfahrt entfällt natürlich auch. Geben Sie demnächst also Yogastunden oder Geburtsvorbereitungskurse in den eigenen vier Wänden.

... die Familie

Wird der überirdische Platz zu knapp, so lässt sich mit einigen baulichen Maßnahmen zusätzlicher Wohnraum schaffen. Vielleicht haben sich Ihre Kinder bisher ein Zimmer geteilt, möchten aber nun lieber getrennt wohnen? Dann könnte einer der beiden ein Jugendzimmer im Keller beziehen. Auch ein schönes Gästezimmer ist denkbar.

Wenn es um Wünsche für die Kellergestaltung geht, rangiert das eigene Heimkino sicherlich auf Platz 1 bei vielen Kindern und auch Erwachsenen. Ausgemusterte Kinositze, ein altes Sofa oder bequeme Sessel sind ein Muss, genau wie ein Beamer und eine Leinwand. Vielleicht noch eine kleine Snackbar mit Mini-Popcorn-Maschine, und die Filmabende werden perfekt.

5.6. Zusammenfassung

Bevor Sie nun gleich die Kellertreppe hinunter gehen und der Unordnung nach Jahren des Aufschiebens beherzt die Stirn bieten, möchte ich Ihnen die wichtigsten Punkte dieses Kapitels noch einmal kompakt zusammenfassen. Sie können diese Aufzählung als Checkliste benutzen oder Ihr Gedächtnis während des Aufräumens damit auffrischen und sich die Ideen in Erinnerung rufen, die Ihnen beim Durchhalten und Ordnung schaffen behilflich sind.

- Wissen Sie überhaupt noch, was alles in Ihrem Keller lagert? Der Mensch nutzt nämlich nur rund 1/4 seiner Besitztümer, der Rest ist eigentlich Ballast und wird nicht mehr gebraucht. Trotzdem erfinden wir häufig Ausreden, um diesen Müll zu behalten. Dies soll sich ab jetzt ändern.

- Motivation ist das A und O für einen gelungenen Start. Aber wie? Visualisieren Sie die Aufräumaktion und freuen Sie sich auf das gelungene Endergebnis. Sie können Freunde einladen, die Ihnen beim Ausmisten helfen und sich anschließend gemeinsam entspannen und etwas Gutes gönnen. Kleine Belohnungen bei erreichten Etappenzielen sind natürlich sowieso Pflicht, denn sie halten die Motivation oben. Und: fetzige Musik nicht vergessen!

- Verschaffen Sie sich einen Überblick über das Ausmaß der Unordnung und erstellen Sie eine To-do-Liste. Unterteilen Sie alle anstehenden Aufgaben anschließend in mehrere Teilziele.

- Arbeiten Sie nicht den ganzen Tag durch, sondern setzen Sie ein vorher festgelegtes Zeitlimit. Ist es abgelaufen, dürfen Sie guten Gewissen aufhören. Weiter geht es am nächsten Tag.

- Kellerräume sind mitunter dunkel und deprimierend. Sorgen Sie für gute Beleuchtung.

- Körbe oder Kisten sollten beim Ausmisten bereitstehen, die mit "Verkaufen", "Behalten", "Spenden", "Reparieren" und "Vielleicht" beschriftet sind. Sortieren Sie alle Gegenstände dort hinein. Alles, was später in der grauen Tonne landen soll, wird in einen blickdichten Müllsack geworfen.

- Es wird alles weggeworfen, was beschädigt ist und sich nicht mehr reparieren lässt. Schimmelige oder von Ungeziefer befallene Gegenstände, Möbel und Kleidungsstücke sollten ebenfalls entsorgt werden. Auch eingetrocknete Farben, feuchte Kartons und muffelig riechende Bücher haben im Keller nichts mehr zu suchen.

- Entsorgen Sie viel über den Hausmüll und die Altpapiertonne und bestellen Sie ggf. Sperrmüll. Es gibt auch die Möglichkeit, einen Abfallcontainer zu mieten oder mit einem Hänger zum Wertstoffhof zu fahren.

- Vernachlässigen Sie die Sicherheit nicht und installieren Sie Rauch- und Wassermelder in den

Kellerräumen. Sichern Sie außerdem Kellerschächte sowie Fenster und nach außen führende Kellertreppen.

- Prüfen Sie die entrümpelten Kellerräume auf Schimmel und Feuchtigkeit und legen Sie diese bei Bedarf trocken.

- Jetzt wäre ein guter Zeitpunkt für Renovierungsarbeiten und bauliche Veränderungen.

- Fegen und wischen Sie den Fußboden, wenn der ganze Müll erst mal entsorgt ist.

- Schützen Sie Ihr Hab und Gut vor Schimmelbefall. Nutzen Sie wenn möglich luftdichte Plastikbehälter zur Aufbewahrung und lagern Sie Boxen und Kartons nie direkt an der Wand oder auf dem Fußboden, das fördert die Bildung von Schwitzwasser. Stellen Sie alles auf Europaletten, das rettet ggf. Ihre Sachen sollte der Keller einmal unter Wasser stehen.

- Lagern Sie Textilien möglichst luftdicht in Plastiktüten oder Vakuumbeuteln, damit sie nicht den typischen Kellergeruch annehmen.

- Nutzen Sie die "Eins rein, eins raus" - Methode um dauerhaft Ordnung zu halten.

- Geben Sie nicht der Versuchung nach, Gerümpel schnell in Möbelstücken zu verstecken, sondern nutzen Sie diese für eine geordnete Unterbringung von Gegenständen. Werden Möbel gar nicht genutzt, sollten sie besser abgebaut werden.

- Bringen Sie System in Ihren Keller. Beschaffen Sie Regale und Plastikboxen und sortieren Sie Gegenstände nach Kategorien. Kleben Sie eine Inventarliste auf jede Box, das hilft beim Wiederfinden von gesuchten Sachen.

- Die Arbeit in der Waschküche wird erleichtert, wenn platzsparende Regalsysteme angebracht werden, Wäsche in Säcken oder Körben bereits vorsortieren werden kann und alle Utensilien einen festen Platz haben.

- Sind alle Räume perfekt organisiert und aufgeräumt, sollten von nun an vierteljährliche Kontrollgänge erfolgen, bei denen auch gleich mal durchgewischt wird und die Kisten abgestaubt werden.

- Lassen Sie Ihrer Fantasie freien Lauf, wenn es um die Gestaltung von leeren Kellerräumen geht.

5.7. Schlusswort

Wir sind nun am Ende dieses Ratgebers angelangt. Wenn Sie ihn während des Entrümpelns, Aufräumens und Organisierens stets zurate ziehen und sich die Tipps zu Herzen nehmen, werden Sie am Ende nicht mehr beschämt durch das Haus huschen, sondern Sie blicken voller Stolz der perfekten Ordnung ins strahlende Gesicht.

Der Weg dorthin ist allerdings nicht einfach. Ihr innerer Schweinehund wird Sie sicherlich das ein oder andere Mal zur Kapitulation auffordern. Geben Sie nicht nach und bleiben Sie standhaft, es lohnt sich! Das Projekt Haushalt ist oft eine Aufgabe, die der richten Planung und Motivation bedarf. Zeit endlich anzufangen! Täglich etwas Zeit ins Putzen und Aufräumen zu investieren ist, nicht viel Aufwand, wenn man bedenkt, dass man sich immer über ein sauberes Haus freuen kann.

Gehen Sie also motiviert an die Aufgaben im Haushalt heran. Der Aufwand wird sich auf jeden Fall lohnen und Sie von unnötigem Ballast befreien, Ordnung schaffen und Sie endlich aufatmen lassen.

Ich hoffe, Sie hatten während den versprochenen rund 180 Minuten den ein oder anderen Motivationsschub und ich konnte Ihnen genügend Ansätze geben, wie Sie erfolgreich und mit System Ordnung ins Haus bringen und Platz schaffen für neue Ideen und Räume. Fangen Sie an! Wie wäre es mit heute?

Liebe Grüße,

Ihre Madame Missou

Ähnliche Bücher, die Ihnen gefallen könnten:

6. Anhang, Rechtliches und Impressum

Wie hat Ihnen dieses Buch gefallen?

„Nicht gemeckert ist genug gelobt!" - dieses kleine Sprichwort kennen die meisten von uns nur allzu gut (aus der Schule, Familie, Firma…). Doch gerade ein kleines Lob kostet den „Sender" nicht viel und spendet dem „Empfänger" unendlich viel Energie! Wenn Ihnen also mein kleiner Ratgeber gefallen und geholfen hat, freue ich mich riesig auf Ihre Bewertung in den Rezensionen der Online-Buchshops. Natürlich ist hier nicht nur positives sondern auch negatives Feedback willkommen (positives aber besonders gerne). Beides hilft mir weiter, dieses Buch kontinuierlich zu verbessern und – dank Ihrer Anregungen – zu erweitern. Also geben Sie sich einen Ruck und schenken Sie mir nun noch 1-2 Minuten Ihrer Zeit für ein Feedback zum Buch – **ich danke Ihnen vielmals!**

Über die Autorin Madame Missou

Madame Missou – 1960 in Bamako (Mali) als Tochter des französischen Botschafters und einer argentinischen Botanikerin geboren – hat Kultur und Kunstgeschichte an der Université Paris-Sorbonne studiert. Im Alter von 25 Jahren zog es sie in die neue Welt. In New York eröffnete sie die Galerie *„Madame Missou`s Best World Arts"* und spielte in diversen Musicals Haupt- und Nebenrollen. Anfang der 90er Jahre verkaufte sie ihre Galerie und verlagerte ihren Lebensmittelpunkt nach Europa. Zunächst lebte sie für einige Jahre in Lissabon, Kopenhagen, Moskau und London bis sie sich 1999 entschied dauerhaft nach

Berlin zu ziehen. Hier lebt sie mit Ihrer Familie seit nunmehr fast 15 Jahren glücklich in Ruhe und führt ein erfolgreiches Leben als Schriftstellerin, Lebenstrainerin, Beraterin und Künstlerin. Es sind bereits zahlreiche Bestseller-Ratgeber von ihr, vornehmlich zu typischen Frauenthemen, erschienen. Darunter auch das kleine Buch, was Sie nun in den Händen halten.

Wenn Sie mehr von Madame Missou wissen wollen, informieren Sie sich doch z.B. auch auf der Website www.MadameMissou.de oder auf Facebook: www.facebook.com/MadameMissou

Rechtliches und Impressum

Wir sind bemüht alle Angaben und Informationen in diesen Buch korrekt und aktuell zu halten. Trotzdem können Fehler und Unklarheiten leider nie vollkommen ausgeschlossen werden. Daher übernehmen wir keine Gewähr für die Richtigkeit, Aktualität, Qualität und Vollständigkeit der vorliegenden Unterlagen. Für Schäden, die durch die (Nicht-) Nutzung der bereitgestellten Informationen mittel- oder unmittelbar entstehen, haften wir nicht, so lange uns nicht grob fahrlässiges oder vorsätzliches Verschulden nachgewiesen werden kann. Für Hinweise auf Fehler oder Unklarheiten an info@madamemissou.de sind wir Ihnen dankbar.

Mögliche Ähnlichkeiten oder Verwechslungen von fiktiven Charakteren in diesem Buchmit realen Personen sind unbeabsichtigt und ohne realen Bezug.

Alle Texte und Bilder dieses Buches sind urheberrechtlich geschütztes Material und ohne explizite Erlaubnis des Urhebers, Rechteinhabers und Herausgebers für Dritte nicht nutzbar.

Alle etwaigen, in diesem Buch genannten Markennamen und Warenzeichen sind Eigentum der rechtmäßigen Eigentümer. Sie dienen hier nur zur Beschreibung der jeweiligen Firmen, Produkte bzw. Dienstleistungen.

Madame Missou wird vertreten durch die

Maracuja GmbH
Laerheider Weg 13
47669 Wachtendonk
info@madamemissou.de
Coverdesign by Claudia Braun, extenso.de
Copyright Coverbild: kathi_schüler, photocase.de